# 夫婦歩き遍路

## 四国八十八カ所巡礼

垣平高男

KAKIHIRA Takao

文芸社

# 目次

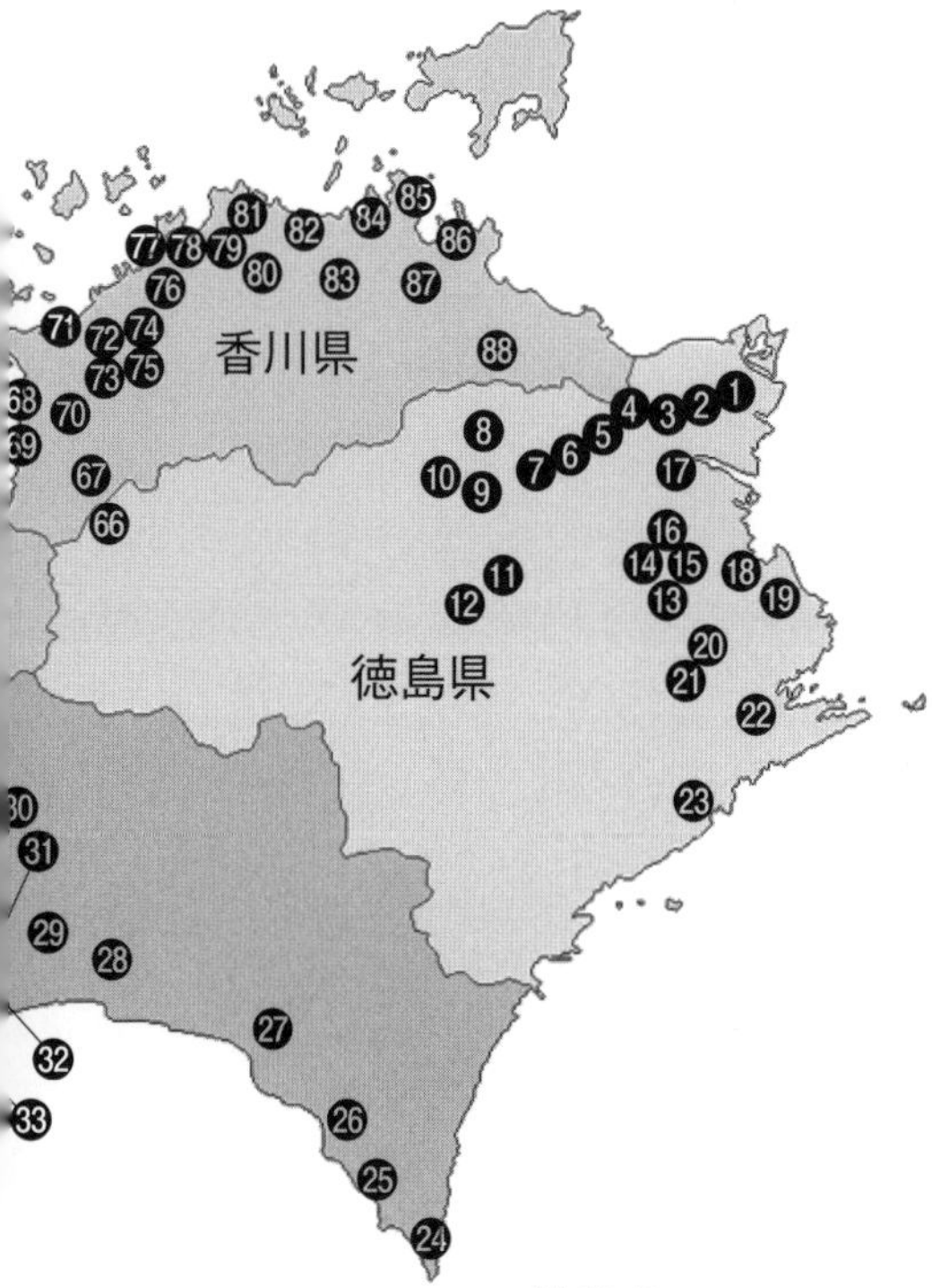

香川県
<涅槃の道場>

66 雲辺寺

67 大興寺

68 神恵院

69 観音寺

70 本山寺

71 弥谷寺

72 曼荼羅寺

73 出釈迦寺

74 甲山寺

75 善通寺

76 金倉寺

77 道隆寺

78 郷照寺

79 天皇寺

80 国分寺

81 白峯寺

82 根香寺

83 一宮寺

84 屋島寺

85 八栗寺

86 志度寺

87 長尾寺

88 大窪寺

徳島県
<発心の道場>

| ① 霊山寺 | ⑨ 法輪寺 | ⑰ 井戸寺 |
| ② 極楽寺 | ⑩ 切幡寺 | ⑱ 恩山寺 |
| ③ 金泉寺 | ⑪ 藤井寺 | ⑲ 立江寺 |
| ④ 大日寺 | ⑫ 焼山寺 | ⑳ 鶴林寺 |
| ⑤ 地蔵寺 | ⑬ 大日寺 | ㉑ 太龍寺 |
| ⑥ 安楽寺 | ⑭ 常楽寺 | ㉒ 平等寺 |
| ⑦ 十楽寺 | ⑮ 國分寺 | ㉓ 薬王寺 |
| ⑧ 熊谷寺 | ⑯ 観音寺 | |

© CraftMAP

# 四国歩き遍路マップ

## 愛媛県
## ＜菩提の道場＞

㊵観自在寺
㊶龍光寺
㊷仏木寺
㊸明石寺
㊹大寶寺
㊺岩屋寺
㊻浄瑠璃寺
㊼八坂寺
㊽西林寺
㊾浄土寺
㊿繁多寺
51石手寺
52太山寺
53円明寺
54延命寺
55南光坊
56泰山寺
57栄福寺
58仙遊寺
59国分寺
60横峰寺
61香園寺
62宝寿寺
63吉祥寺
64前神寺
65三角寺

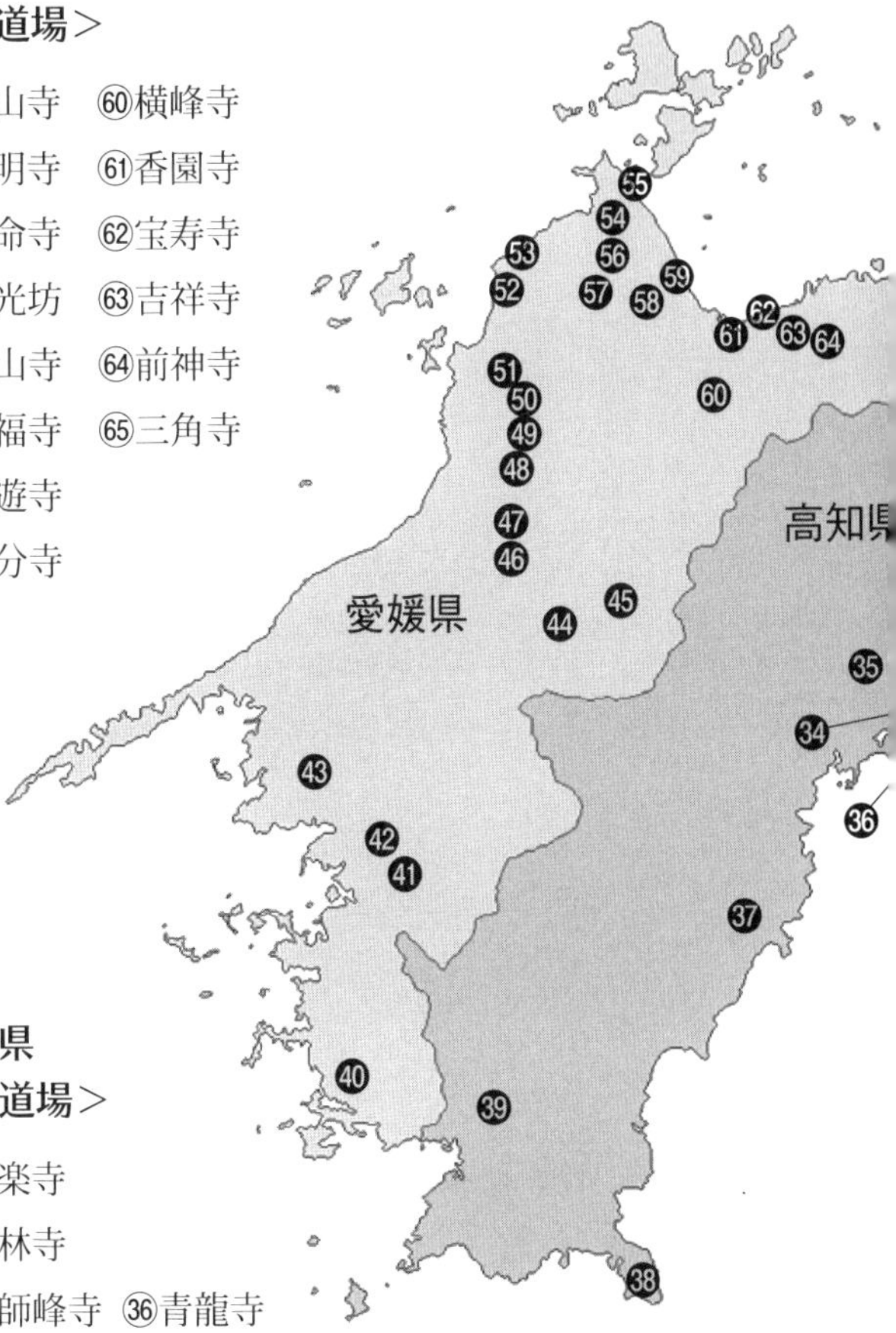


## 高知県
## ＜修行の道場＞

㉔最御崎寺
㉕津照寺
㉖金剛頂寺
㉗神峯寺
㉘大日寺
㉙国分寺
㉚善楽寺
㉛竹林寺
㉜禅師峰寺
㉝雪蹊寺
㉞種間寺
㉟清滝寺
㊱青龍寺
㊲岩本寺
㊳金剛福寺
㊴延光寺

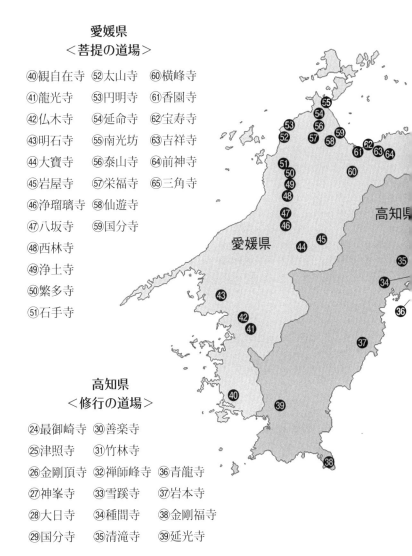

五分咲きの
何故散り急ぐ
桜かな

父・母

# 一本の電話

二〇〇七年四月十二日、私たち夫婦は、四国霊場第一番札所霊山寺の本堂に向かい手を合わせ、頭を垂れていた。念願だった歩き遍路の第一歩である。

「摩訶般若波羅蜜多心経《まかはんにゃはらみったしんぎょう》……」

般若心経を唱え、これからの旅の無事をお願いする私たちの耳朶に電話の音がよみがえる。一本の電話が人生を変えることがある。

二〇〇〇年七月二十九日、東京からの電話でそれまでの私たちの生活やその後の人生が一変した。

妻から勤務先へ電話がかかった。電話の声も内容もよくわからない。

「東京から連絡が……大君がなくなった」

とぎれとぎれになる涙声、電話では話の内容がよくわからない、信じられない。

「とにかく帰る」

それから東京までの記憶は定かでない。

大学二年間を過ごしたアパートは若者の生活をそのままに、家財道具が乱雑に残されていた。片付けをし、近所のショップで処分をし、「肺炎」と記された死亡診断書をもらい、白布を抱いて我が家にたどり着いたのは翌日の夕刻であった。お葬式の手配を依頼し、流れるままに大勢のお参りを頂いて家に帰り、その後は後始末に忙殺された。考えることも悲しむことの余裕もなく、どうしていいのかがまったくわからないままの放心の時間が過ぎていった。

大君　結婚して五年目に生まれた待望久しい一人息子、丈夫で明るく元気な男の子であった。小さいころの野球、高校での柔道部、どちらかといえばスポーツを得意とする若者として育っていた。

息子の死を静かに悼むことも許されない慌ただしい残酷な一連のセレモニーが過ぎて一段落したとき、「こんなことばかりやっていていいのだろうか。一人息子がなくなったのだ。もっと静かに深く弔ってやらなければ」という思いが突き上げてきた。

「お母さん、仕事納めが済んだら四国参りに行かないか」

何かをしなければという焦燥感からまず頭に浮かんだのが四国八十八カ所のお寺にお参りすることであった。

二〇〇〇年十二月二十八日、自家用車で四国に向かった。途中緊急の用件でいったん帰宅し、その後、休日を利用した何回かに分けてのお参りであった。西国三十三カ所のお寺にもお参りし、我が家の本山京都「妙心寺」にも足を運び、休日には近在のお寺にもお参りを欠かさなかった。

しかし依然、私たちの心の中では吹っ切れないもやもやした気持ちが残ったままになっていた。車を利用して慌ただしくお参りすることがはたして本当に息子の供養になるのだろうか、仏様に私たちの願いが届くであろうか。一抹の後悔に似た思いと共に納得の供養ができればとの思いがわだかまりとなって心の奥に残ったままになっていた。

よく「足をもって」という言い方がある。誠意の示し方を表現した言葉である。そうだ、やはり仏様へのお参りも足をもって訪ね、難行であれ、苦行であれ汗を通して誠心誠意お願いしたほうがいい。仏様もそのほうが「よく苦労した。それだけの想いなら聴いてやろう」とおっしゃり、願いを聞き届けてくれるのではないだろうか。

勝手な思い込みと共に四国八十八カ所歩き遍路に出ようという思いをますます強くしていた。

「すべての仕事を終えて、時間の都合がついたときに、もう一度、今度は歩いて四国参りをしよう」

妻も「そのほうがいいと思う」

その後も仕事では忙しい七年間を過ごしたが、その間参考になる資料を購入、リュックサックやキャラバンシューズ、雨合羽など必要な準備を整えていった。

二〇〇六年六月、すべての勤務を無事終えることができた。いよいよ夫婦による歩き遍路に出掛ける環境が整った。

## 発願

歩き遍路で八十八カ所をお参りするには距離にして約一三〇〇キロメートル*、日数は四十五日から五十日を要するとある。体力、気力、時間、すべての要因が上手く一致しないとなかなかできるものではなさそうである。

夫六十五歳、妻六十一歳、勤めに一区切りがついたこの機会しかないという思いから一番札所「霊山寺」の門前に立った。大君と別れて七年が経っていた。

とはいってももちろん初めての経験である。どんなアクシデントがあるか予測がつかない。一挙の通し打ちは避けたほうがいいとのアドバイスも受けながら今回は三回に分けた「区切り打ち」とする。

私は必ずもう一度、息子と再会できると信じている。肉体から離れた魂は、いわゆるあの世で生き続け、あの世で仏様に預かっていただいていると信じいつの日か再び会うことを楽しみにしている。

毎朝欠かすことのないお勤めの際は般若心経に加えて、「大君、今日も元気にいこうぜ」。時には「お父さん、お母さんがそちらに逝《ゆ》くときには絶対に元気で、笑顔で迎えに来てくれよ」と呼びかける。

仏様には「今日も大君をよろしくお願いします」と手を合わす。

しかしながら一人っ子でわがまま十分に育った大君、仏様にご迷惑をおかけしているのではないだろうか。叱られてばかりではないだろうか。元気に過ごしているだろうか。心配が絶えない。

親としてよく仏様にお願いをしなければならない。おすがりをしなければならない。それには私たちにできる誠心誠意、真心を持ったお願い、心身ともに今できうる限りの供養をすることではないだろうか。改めて自分たちがなすべき事を再確認するところであった。

＊歩き遍路の距離は一二〇〇～一四〇〇キロメートルとある。今回は一番から八十八番までを一二二〇キロメートル、八十八番から一番までを四十キロメートルとして計算。番外札所や奥の院などへの立ち寄りを概算して総距離をおよそ一三〇〇キロメートルとした。

# 遍路

## 発心《ほっしん》の道場

霊山寺境内はバスでお参りする人、自動車でお参りする人、歩く人、それぞれの巡礼に出発する人々で混みあっていた。皆さんここでこれからのお参りに必要な白衣、菅笠《すげがさ》、金剛杖、頭陀《ずだ》袋、納経帳、納め札など一式を整える。私たちも真新しい白衣に菅笠、頭陀袋といったおなじみの衣装に身を包み、まずは一番「霊《りょう》山寺《ぜんじ》」へのお参りである。

「発心」とは、仏門を信じ、悟りを開こうと決意すること。

山門で一礼し、本堂に向かい線香を立て、ローソクをともす。納め札を納め、お賽銭を入れる。

「摩訶般若波羅蜜多心経　観自在菩薩　行深般若波羅密多時……」

般若心経を唱える。続いて「どうか大君を護ってやってください。導いてやってください。お願いいたします」。

親より先に逝った子はあの世でも幸せが薄いという。仏様にすがるしかない。もう何千回、何万回お願いしたであろう仏様へのお願いである。大師堂に向かっても本堂での手順を繰り返す。

納経所では、納経帳に本尊名と寺名が記され御朱印《ごしゅいん》を頂く。さらに御影《おすがた》を頂く。この手順は八十八カ所共通である。

山門で一礼「今日、これから八十八カ所の歩き遍路に出かけます。無事歩き通せますようお守りください。結願《けちがん》がかなった後、もう一度お礼に伺います」。

元朝日新聞論説委員の辰濃《たつの》和男氏は著書『歩き遍路――土を踏み風に祈る。それだけでいい。』（二〇〇六年海竜社）で、遍路を次のように捉えている。

お遍路は、自分の穢れを浄める旅であり、死に向かっての旅であり、同時に亡き人を供養する旅である。その人を失った痛みを思い、ときには、亡き人の痛みを背負いこむ。あるいはその笑顔をよみがえらせる。それが供養というものだろう。死者を想うことはその人の生きた証《あかし》をよみがえらせることである。あなたの胸に生前の死者の姿や言葉がよみがえるとき、それこそが、その人の生きた証で、生きた証を一瞬でもこの世にとどめるとき、それが供養だと私は思っている。

リュックサックの中の大君と共に一三〇〇キロメートルに及ぶ夫婦歩き遍路の第一歩を踏み出した。

三十分ほどで隣接する二番「極楽寺《ごくらくじ》」を打ち終えた後、途中道順がわかりにくい所があり、コンビニに集まっている高校生風の若者に道を尋ねた。

「三番はこちらでいいのかなあ」

「三番さんはこの道を行けばいいですよ」

高校生が「三番さん」と言ったのには正直驚いた。

四国遍路はお接待文化が色濃いとよく言われる。私たちもこの後たくさんのお接待を頂くことになるが、やはりこうした若者たちまでも〝何番さん〟と自然に口にするほどにお寺に、遍路に対するリスペクトが遍路文化を根強く支えているのだということを実感した。

桜の道を三番「金泉寺《こんせんじ》」、四番「大日寺《だいにちじ》」、五番「地蔵寺《じぞうじ》」に参拝、この日は半日の行程ということもあり、六番「安楽寺《あんらくじ》」で宿泊。

宿に着くとその日の日課が始まる。汗にまみれた下着類の洗濯は妻の役目。大方の宿泊所には洗濯機と乾燥機が備えられているが、疲れた身体には疲労に輪をかけることとなる。

翌日の宿泊の予約も欠かせない。夫の役目である。体力と疲労の程度を計りながら、歩く距離と宿坊リストを参考に、翌日の宿舎を電話で予約する。納め札に住所と氏名を記入する作業も加わる。

腹が減った、のどが渇いた、一刻も早く横になりたい、疲れた身体は強い誘惑にかられるが、歩き遍路にはこの二つの作業が欠かせない。このルーティンが最後まで続く。

宿坊の温かい応対と「温泉山」の山号にふさわしい湯船に快適な一日目を打ち終えることできた。

熊谷寺にて。「さあ！　これからだ！」

二日目、七番「十楽寺《じゅらくじ》」、熊野信仰と関連があるという八番「熊谷寺《くまたにじ》」、九番「法《ほう》輪寺《りんじ》」に参拝、十番「切幡寺《きりはたじ》」の三百三十三段の石段を上り、参拝を終え道路沿いのレストランで昼食とする。私たち以外もう一組の夫婦遍路さんに出会い、挨拶をして吉野川に向かう。吉野川の中州は人参畑が続いていた。

潜水橋《せんすいきょう》を渡り終えたところに無料の休憩

所がある。遍路道にはこうした無料の休憩所がたくさんある。お接待の代表例である。参考にと中を覗いてみると、布団もあって簡易な宿泊もできるのであろう、大阪のある篤志家が道沿いに整備中と聞いた。

今日は十一番「藤井寺《ふじいでら》」まで打ち、近くの民宿で明日の焼山寺に備えよう。

三日目早朝、最大の遍路ころがし十二番「焼山寺《しょうさんじ》」へと山に踏み入る。遍路ころがしとは、文字通り遍路が転がり落ちるような急坂のことで、この後も二十番「鶴林寺」、二十一番「太龍寺」、二十七番「神峯寺」、六十番「横峰寺」、六十六番「雲辺寺」などが控える。

焼山寺への道程《みちのり》は、上り下りが繰り返される。頑張って登った一つ目の山の峰では大きなお大師さんが迎えてくださった。坂道を下って沢にでる。ここからの急坂のほうがきつい。喘ぎあえぎ何回か休息しながら標高七〇〇メートルの焼山寺山門に到着。樹齢三百年余と言われる杉木立の参道に仁王門を仰ぎ見る。

山門で、参拝者の方が声をかけてくれる。

「歩いてお参りしているの。羨ましい。私たちもできればそうしたいのだけど」

結願まで何人もの方々から同じようなお話を伺った。遍路を志す方はできれば歩き遍路をと願っているのだろう。

日ごろのウォーキングの成果か、思ったより早く焼山寺を打ち終えた私たちは、この際奥の院までお参りをしようとさらに一・五キロメートルの山道を登る。帰りの納経所では奥の院という別ページの御朱印を頂いた。

坂道を下り、今日は鍋岩に宿泊。大学で同級生だった三人が四十五年ぶりに一緒に歩き遍路をしているという中年組と一緒になり、参考になるお話を伺う。この方々とは九月偶然にも室戸の民宿で再会する。

四月十五日　玉ケ垰《たまがたお》を越え、鮎喰《あくい》川が見える小さな集落で親切なおじさんに出会う。

「焼山寺はきつかったろう」

「はい、噂通りのきつい坂でしたがいいお寺でした」

「ここを打ち終えたら後はコロコロよ」

「そうですか、頑張って行きます」

この後、遍路を続けるに従いおじさんの〝コロコロ〟の意味がわからなくなってくる。急坂の遍路道に差しかかるたび〝この坂の厳しさは焼山寺に比べても、とてもコロコロなんてものじゃないのに〟と悪態をつきつつ、しかしながら遍路後半になってあのおじさんが言っていた〝コロコロ〟の本意は、この先まだまだ厳しい坂道が続くことをよく承知の上で、今始まったばかりの遍路の気持ちが落ち込まないよう、やる気が挫けることのないよう、わざと励ましてくれた「言葉のお接待」と思えるようになってきた。

道は上れば下りがある。上りもきついが下りはもっとつらい。足の指と爪を守るべく、時々後ろ歩きで坂道を下りる。石垣の芝桜が疲れを癒やしてくれる。

玉ケ垰の遍路道で倉敷からの女性遍路とご一緒する。藤井寺の民宿で足を痛めていた女性で、お父様がなくなられたのと同じ年齢にお参りに来られたとのことであるが、相当足が痛そうでこの先が思いやられる。

女性遍路が撮ってくれた、鮎喰川を渡る私と妻

後日、彼女から手紙が届き、「写真を同封いたします。お二人の歩いておられる姿がとてもステキで思わず写真をとってしまいました」と添え書きがあり、鮎喰川を渡る私たち夫婦の姿を後方から写真に収めてくださっていた。

思いもよらない一枚の貴重な写真、私たちには極上の想い出の一葉となり、本書のカバーに使わせていただくこととした。彼女とは、十八番恩山寺で別れる。

鮎喰川を渡り、川沿いに十三番「大日《だいにち》寺《じ》」に着く。後になり大日寺奥ノ院建治寺に立ち寄らなかったことを後悔するが、何しろ初めての遍路旅、先が急がれる。

予定よりも相当早く宿舎に着いたので、宿坊にリュックサックを預け、その日のうちにごつごつと岩肌が波打つ十四番「常楽寺《じょうらくじ》」に参拝、住宅地を抜けて十五番「國分寺《こくぶんじ》」、続いて十六番「観音寺《かんおんじ》」、仁王門が見事な十七番「井戸寺《いどじ》」まで打ち終える。

リュックサックを宿坊に預けたせいで国分寺ではローソクがなくなり、どうしようと悩んだが、さすが八十八カ所をなすお寺、納経所の女性が親切にローソクとお線香を分けてくださった。

五日目　午前中に雨が降ってきた。民家の軒先をお借りし、リュックサックの中からレインコートを取り出し、身体を覆う。

レインコートは、ガイドブックを参考に事前に買い揃えたもので、背中のリュックサックを守ることは当然であるが、何よりも首から下げた頭陀袋が雨に濡れないよう細心の注意を凝らす。中には納経帳のほかにローソク、線香、納め札など巡拝に必要な持ち物がすべて入っている。

雨が強くなってきた道を先へと進む。翌日までの雨中の旅はさまざまなことを教えてくれた。どうも雨合羽タイプのレインコートでは上手くいかない。小雨程度では大丈夫であるが、雨脚が強くなってくるとリュックサックや頭陀袋の中が濡れはしないかという心配に加え、参拝時の頭陀袋からの持ち物の出し入れが上手くいかない。

結局その後の経験も踏まえ、最終的には上下セパレーツ型のゴアテックスのレインコートで大半の巡礼を通すこととなった。

雨の中、風圧と水しぶきを受けながら国道バイパスを無言で歩く。道しるべは「四国のみち」、本当にこれが遍路道？　やはり遍路道は山道かあぜ道がよく似合う。

昼食は国道沿いの中華レストラン、ずぶ濡れの遍路姿で店に入ることは申し訳がないと躊躇したが店の方が「どうぞ」、ほかのお客さんも一瞬〝遍路か、雨で大変だなあ〟との表情であったが、そこは四国、快く店に入れていただいた。これが四国以外の地域だったらどうなんだろうと思いながら温かい心遣いとおいしいラーメンを頂いた。
十八番「恩山寺《おんざんじ》」を打ち、宿舎に着く。宿では何人かの見知った顔が夕食に並ぶ。沖縄の大学を休学して遍路をしているという学生や大勢の若者の声で賑やかな夕食である。大君も元気でいればこうしてみんなと楽しくしていたであろうと思うと目の端に滲むものがあるが、明日のことを考え、早めの床に就く。

四月十七日　雨の中、十九番「立江寺《たつえじ》」にお参り。今回はここまでという千葉のおじさんと別れる。「次も頑張ってください」。今日は距離が短いが次の鶴林寺、太龍寺への山登りを考え、宿は鶴林寺の麓までとする。番外札所、星の岩屋にお参りする時間は十分あるが、下着まで雨に濡れた身体からはその意欲が出てこない。

七日目、高低差四七〇メートルの二十番「鶴林寺《かくりんじ》」への道をたどる。恨めしくなるような参道はますます勾配を増す。リュックサックに入れてきたバナナとお饅頭を交互に疲労回復剤としながら境内にたどり着く。杉の巨木が生い茂る中、鶴の像が迎えてくれる堂々たる境内のたたずまいは流した汗に十分応えてくれる。境内の石段を一歩一歩踏みしめ、お参りする。

沢伝いに太龍寺へ

いったん那賀川沿いの集落まで急坂を下り、再び二十一番「太龍寺《たいりゅうじ》」へ高低差三四〇メートルの急坂を無言で上る。道は谷川に沿い、右前方に鶴林寺を遠望しながらやっとの思いで山門に一礼。本堂に向かう。

弘法大師が修行し、西の高野山と呼ばれる太龍寺はさすがに聖地の名にふさわしく、荘厳な雰囲気の伽藍《がらん》が並ぶ。舎心ケ嶽《しゃしんがたけ》は大師が百日間山岳修行し「虚空蔵求聞持法《こくぞうぐもんじほう》」という真言密教の秘法を会得されたとされる切り立った絶壁である。その地に立つと大師の修行のすさまじさがよく伝わり、身の引き締まる思いがする。

これまでも一緒だった山形からのおじさんの記念シャッターを押してあげる。七十二歳、五月二十日までの休暇を利用してのお参りであり、行けるところまで行くのだと頑張っている。

「ロープウエイで降りようよ」

顔なじみになったお遍路さんたちが誘ってくださるが、私たちは全行程を歩くと決めての遍路であるので、「私たちは、歩いて下ります」とお断りをし、下り坂に足を踏み出した。

途中淡路島からという老夫婦に出会う。「昨年、百一歳の母親を見送り、それまで来たくとも来られなかった念願の四国参りです。若ければ歩くのだが」との言葉に実感がこもっていた。苦しくとも歩ける幸せを感じる。失業中だという若者二人と一緒になったり先行されたりしながら二十二番「平等寺《びょうどうじ》」を打ち、近くの民宿に宿をとる。

夕食時、毎年一度は歩き遍路をしているという方のお話を聞く。宿のおかみさんとも顔なじみであろう、「今年はうるう年だから逆打ちで歩いてきたよ」。逆打ちとは、普通は一番札所から八十八番をたどる道順を逆に八十八番から一番札所を目指す遍路のことである。

「一年に一回歩かれるのは大変でしょう」

「もう慣れたから。帰ったらまた歩きに来たくなる」

このときはまだ遍路病という言葉を知らなかったことと、歩くことの大変さが先に立ち、感心したり驚いたりしながら話を伺った。

四月十九日、二十三番「薬王寺《やくおうじ》」に向かう。今回はここまで、今日が最終日である。

峠の入り口でタケノコを掘っている方がいた。

「なぜ、歩き遍路をするのかね」

「それは各々、さまざまな想いがあると思いますよ。私たちは供養の遍路ですが、その理由は人さまざま、百人百様の想いがあるのではないでしょうか」

タケノコをあげるという有り難い申し出ではあったが、夫約七キロ、妻約五キロのリュックサック、これ以上重くなるのは無理、「有り難うございます。お気持ちだけで」。峠の坂道に踏み入る。

これまで山中が多かった遍路道であったが、初めて海岸線に出る。ウバメガシのトンネルがこれから続く海沿いの道を案内してくれる。真新しい休憩所があり、近在の奥様方によるお茶とコーヒーのお接待を頂く。日和佐の市街地とウミガメの産卵で有名な大浜海岸を眺めながら久しぶりのカレーライスで昼食を済ませ、薬王寺に着く。

薬王寺への階段は急勾配。ともすれば風にかき消されそうになるローソクの火を気にしながら参拝を終え、日和佐の市街地を眺めながらお賽銭が並べられた階段を降りるとJR日和佐駅である。

日和佐駅で徳島行きの列車を待つ。遍路姿に興味深げな母娘との会話。

「ずっと歩いているの。私ら切幡寺の近くに住んでいるが、高校生のときに一度登っただけで、まして歩いてほかのお寺なんか行ったこともないですよ。大変ですね」

「よくある話ですよね。遠くにあってこそ有り難いものだと思うことも多いと思いますよ。せっかくの宝物が近くにありながら、もったいないことです」

先年、熊野古道のイベントに携わった経験からこの母娘の話は十分理解できる。遍路道も熊野古道も自分たちの足元に続く日常の宝物なのである。

**〈後記〉**

初めての歩き遍路、どうなるかとの不安を抱えての出発であったが、無事八日間を歩き終えたという達成感と安堵感がある。妻は足にまめを作ったり爪を痛めたりと大変な道中であったが、一回目としてはまずまずの遍路旅であった。

初日はやや気負いがあったと思うが、吉野川を渡り、焼山寺を越え、鶴林寺、太龍寺を打ち終えるころには多少遍路の楽しみもわかってきたような気がする。もちろん野を越え、山越え、川を渡る遍路には身体がきついことは言うまでもない。

何といっても行き会う人たちとの出会いが貴重である。歩くとは我々の普段の生活のスピードに比べ何倍、何十倍の時間がかかる。その時間だけ出会いの機会が多く、ましてや同じ目的を持った方々との出会いである。濃密な思い出が創り上げられる。

立江寺で今回はここまでと言って別れた千葉のおじさん、二回目はどこまで行けたかなあ。若者との出会いも多かった。上手く就職できず自分を見つめなおす旅ですと言っていた彼らは元気に働いているだろうか。

薬王寺から室戸最御崎寺へは電車、バスを利用すると言っていた山形のおじさん、元気で旅を続けているだろうか。後日写真を送ってくださった岡山の若い女性、元気でお勤めのことと思います。

次回は秋、日和佐からの遍路となる。待ち遠しい。

## 修行の道場

九月二十五日、二回目の区切り打ちが始まった。今回は高知を経て松山までとする。

日和佐から室戸岬まで南下、土佐湾に沿って高知を過ぎ四国南端足摺岬を経て北上、宇和島、内子から松山を目指す。札所は二十三番「薬王寺」から五十三番「円明寺」まで、札所の数は多くはないが距離はもっとも長く険しい。まさに修行の道場となろう。

日和佐から室戸岬二十四番「最御崎寺」までは札所はない。ひたすら海岸沿いの道を室戸岬目指して歩き続ける。

阿波の「発心」に対して土佐は「修行」の道である。修行とは、仏の道を目指して精神を高めることとある。凡人には精神の修行と共に肉体の修行も加わる。

前日宿舎とした日和佐の薬師会館では、自転車で遍路をするという若い女性と

室戸は遥か彼方

の出会いがあった。四国の遍路道は若い女性一人でも安心して安全な旅ができる。月岡祐紀子さんは著書『平成娘巡礼記　四国八十八ヵ所歩きへんろ』(二〇〇二年文藝春秋)で「世界広しと言えど、四国より安全で美しいところはそうそうないようだ。」と書かれている。彼女とは久万《くま》高原で再会する。事情があって一度自宅に帰っていたとのことであった。

どちらかと言えば阿波の山の道に対し、土佐は海の道である。特に室戸岬の最御崎寺までは二日間ひたすら海岸沿いを歩くだけである。日和佐を出るとき「室戸まで道中なにも無いから飲み物は十分準備しておくように」とのアドバイスをいただく。

体力のあるうちに距離を稼いでおこうと思い、この日は約三十三キロメートルの行程。朝七時出発、約十時間近く歩き通すこととなり、これは失敗、無理があった。妻が足にまめを作ってしまった。やはり一日三十キロメートルを超えることはやめようということとなり、これ以降できるだけ三十キロメートルを越えないスケジュールを考えるが、それでも何カ所かは強行軍をやむなくされた。

歩き遍路にとって靴は命である。大阪の靴専門店に出向き入念にチェックをし、近くの山で何度も足慣らしをしてきたつもりであるが、やはり無理は禁物である。

途中番外札所「鯖大師」に参拝。北海道からというおじさんにはミカンを、結願のお礼参りだという西宮のおじさんからは飴を頂く。

宿舎は料亭も兼ねており食事は素晴らしかった。私たち夫婦は普段あまりアルコールを口にしないほうであるが、今日は強い日差しとたっぷりの汗のせいで身体が猛烈に水分を求める。〝生ビール二つください！〟。のどと五臓六腑にしみわたる。これがこのあと何年も「あのときの生ビールは本当においしかったなあ」と、我が家の語り草となる。

夕食後は念入りに妻の足のまめの手入れをする。消毒をし、テープを巻く。悪化しないようにと祈る気持ちである。


九月二十六日　雨の中、国道五十五号線を無言で歩く。水床トンネルを抜けると土佐に入る。室戸に向かって視界は空と海、疲れと痛みに耐えてひたすら足を運ぶ。妻は前日の右足に加え左足に二カ所もまめを作ってしまった。

歩く速さは、一時間に二キロメートル程度であろうか。雨が上がり、とにかく暑い。スポーツドリンクを空にし、滴り落ちる山水で首筋を冷やし、万が一のため、その水を空になったペットボトルにつめリュックサックに携帯する。夫婦助け合いながらの旅が続く。

ようやくたどり着いた宿舎では思いがけない顔ぶれに再会することとなる。四月の阿波で一緒になった福岡の三人連れ、話に花が咲く。各地をウオーキングされているという方々で熊野古道にも大いに興味を示され、後に資料をお送りすることを約束する。

　宿の主人が室戸周辺の民宿と連携して「８０８」というネットワークを作り、お互いに宿泊所の紹介や情報交換をしているという。遍路道にも新しい息吹が生まれつつあるのだ。ちなみに８０８とは、日の出と夕日を表し、参加している民宿は眼前に広がる太平洋の朝日と夕日が見える範囲に限っているということだった。


九月二十七日　日の出とおかみさんの笑顔に見送られ出発。

沿道で海洋深層水を利用したさまざまな関連施設を目にする。国家プロジェクトの積極的な導入が地域活性化に大いに貢献していることを実感する。

『御蔵洞《みくろど》』を訪ねる。若き日の空海が修行した洞穴である。御蔵洞からの風景は、空と海、真一文字に隔てる水平線。太龍寺の舎心ヶ嶽同様、この洞穴に一人座して仏の教えを究めようとする大師の姿を想像するに、そのすさまじさに改めて圧倒される思いである。

司馬遼太郎氏は『空海の風景』（一九七八年　中央公論社）で次のように描写している。

彼が雨露をしのぐべく入り込んでいたと思われる洞窟は、今も存在している。その中に入って洞口をみると、あたかも窓のようであり、窓一杯にうつっている外景といえば水平線に劃《かく》された天と水しかない。宇宙はこの潮がうがってつくった窓によってすべての夾雑《きょうざつ》するものをすて、ただ空と海だけの単一な構造になっている。

お昼前、二十四番「最御崎寺《ほつみさきじ》」に着く。今日は大君の月命日、大師ゆかりの室戸でお参りができたことは本当によかった。

続いて二十五番「津照寺《しんしょうじ》」を打ち、一つの目安であった室戸を越えたという実感を大きくする。宿舎ではおかみさんが夕食時、手作りの寒天を出してくれた。寒天大好きの私にとっては何よりのごちそうである。黒蜜で食べ慣れた私たちには、お酢での味もまた新鮮であった。翌日、途中の道の駅で天草《てんぐさ》を購入、宅配便で家に送る。

九月二十八日　台風十五号の影響か、太平洋のゴーという荒波を左に聞きながら二十六番「金剛頂寺《こんごうちょうじ》」を打ち、神峯寺を目指すが、遍路道はクマバチのおかげで通行止めとなり約一時間程度の迂回を余儀なくされる。疲れた身体には時間以上の負担を強いる。

朝七時に出発、夕方五時に宿舎に着く。実歩十時間、妻の足が悲鳴を上げている。この後の遍路全体にも影響があるかもしれない。幸か不幸か明日は台風の影響で天気予報は雨とのこと。距離を短縮することとしよう。

九月二十九日　妻を宿舎に残し、二十七番「神峯寺《こうのみねじ》」に向かう。標高四三〇メートルの山上にある神峯寺へは真《ま》っ縦《たて》とよばれる急な坂があり、遍路ころがしの一つになっている。道が険しくなるにつれ、疲労困憊の身体からは思わず「懺悔《ざんげ》

懺悔《ざんげ》　六根清浄《ろっこんしょうじょう》　懺悔懺悔　六根清浄」の掛け声が口をついて出てくる。先年の「南紀熊野体験博」の際、熊野古道の急坂に差しかかるたびに先達《せんだつ》を務めていただいた京都醍醐寺派の山伏さんから教わった掛け声である。だが待てよ、私の白衣には「南無大師遍照金剛」と書かれ、菅笠や金剛杖には「同行二人《どうぎょうににん》」と記されている。同行二人とはお大師さんがお弟子さんたちに南無大師遍照金剛と唱えれば、一緒に歩き、一緒に生きてやると言い残した有り難い、神聖なお言葉である。さすれば私の掛け声は大師の教えに反した言葉ではないだろうか。〝いいのかなあ〟。自問する。とは言っても、私はこれまでも仏さまにも神様にも、山門の前で、鳥居の前で「大君をお願いします」と手を合わせ、おすがりしてきたではないか。この際、無節操とおしかりを受けるかもしれないが、慈悲深いお大師さんにお許しを願おう。「懺悔懺悔　六根清浄　懺悔懺悔　六根清浄」。

手入れされた庭園の見事さに疲れを忘れ、「神峯の水」に渇いたのどを潤す。台風を気にしながら土佐湾を北に向かう。妻の足を考え、今日は距離を短縮にすることとする。お昼ごろ降り出した雨が肌にまでしみ込んでくる。

安芸市内に入る。安芸は幕末から明治、そして今日にかけて隆盛を誇る三菱グループを興した岩崎弥太郎氏の出生地として有名である。野球好きの方には阪神タイガースの安芸キャンプ地としても馴染みの名前である。

雨のせいで腕時計が壊れる。「仙遊寺」のご住職小山田憲正さんが「お遍路で大切なのは腕時計と名刺を持たないことです」と言っておられたと辰濃和男さんが『歩き遍路――土を踏み風に祈る。それだけでいい。』（二〇〇六年　海竜社）で紹介されている。文字通り腕時計も名刺も持たない身となったが、凡人はそうもいかない、携帯の時計頼みとなった。

九月三十日　松林の中、雨の遍路が続く。妻の足はだいぶよくなってきたが、レインコートの中は汗でぐっしょり。昼食のラーメン屋さんでは、店のお客さん全員と遍路談議に花が咲く。注文したラーメンと餃子は、心なしかちょっぴり多目のように感じた。

宿には早く着いたのでリュックサックを預け二十八番「大日寺《だいにちじ》」に足を延ばす。

お寺まで宿の主人が迎えに来てくれる。翌朝はまたここまで送ってくださるという。「申し訳ありません」「いいんですよ。私も歩き遍路を続けています。たまにはお接待に甘えるものですよ」

十月一日　大日寺からの出発、田園を通り庭園が大変きれいな二十九番「国分寺《こくぶんじ》」を打ち、杉の巨木の並木道を抜け隣接する土佐神社と間違えた三十番「善楽寺《ぜんらくじ》」を打ち終える。

二回目の遍路七日目、十月に入る。心配した台風の影響も少なく、雨具はいらない。あぜ道や田んぼの中を、ニラやしょうがのハウスを眺めながら、今日の宿サンピア高知に着く。荷物を預け、三十一番「竹林寺《ちくりんじ》」に参拝する。

竹林寺は五台山の頂上に建ち、隣接する牧野富太郎記念植物園と五重塔が印象的である。牧野富太郎先生はわが国植物学のオーソリティであり、そういえば私の学生時代の参考書にも確か牧野先生のお名前があったような記憶がある。

竹林寺にはもう一つ有名な逸話がある。高知を代表する「よさこい節」に「坊さんかんざし買うを見た」と歌われるお坊さん。僧の身でありながら恋しい人のためにこっそりかんざしを買いに行く。僧と生身の一青年、修行と恋心、いつの世も「解」のないほほえましい逸話である。

サンピア高知は、温泉の大浴場、レストランの食事、久しぶりに疲れた身体を温泉に浸し英気を養う。

十月二日　竹林寺を出発、三十二番「禅師峰寺《ぜんじぶじ》」を目指す。左手に武市半平太の旧宅という案内を見ながら緩やかな坂道を上る。坂本龍馬、武市半平太……土佐は幕末の英雄を色濃く残す地である。禅師峰寺を打ち終えると、次の雪蹊寺へは浦戸湾を渡し船で渡ることとなる。

渡船場までの沿道はピーマンや花のハウスが多く、ハウスの中からおばさんが「気をつけて」と声をかけてくれる。乗り遅れると次の便まで一時間は待たなければならない。野牡丹を眺めながら最後は小走りになり、やっと間に合う。

船員さんが気さくに話しかけてくれる。

雪蹊寺へは渡し船

「どこから来たんや」「和歌山です」「そうか。わしの嫁さんも和歌山の本宮出身や」「そうなんですか」

急に親近感がわく。

話は盛り上がり、あっという間に浦戸湾を対岸に運んでくれる。

お礼を言い、三十三番「雪蹊寺《せっけいじ》」を目指す。雪蹊寺、八十八カ所の中でも特に関心を持ち、ぜひにと思っていたお寺である。

雪蹊寺の和尚をされていた「山本玄峰」さん。和歌山県本宮町（現田辺市）の生まれ、十九歳のころ眼病を患い、治癒祈願のため四国遍路を発願する。目の病が悪化しほとんど見えない状態であったと言われるが、眼病快癒を願って裸足で遍路を続けたと言われる。七回目の遍路途中雪蹊寺の門前で倒れる、二十五歳であった。山本太玄和尚に救われ、得度《とくど》する。将棋の升田名人に「あの方は本物」と言わせしめるほどの修行を積み、昭和二十二年臨済宗妙心寺派管長に就任。その功績は石碑に刻まれている。

熊野を舞台にした体験博の開催に際し、地元の山本玄峰老師頌徳会が主催して山本玄峰老師の世界「玄峰老師遺墨展」が屋内で、山本玄峰老師の世界「ミュージカル　山本玄峰老師の生涯」が熊野本宮大社ゆかりの大斎原《おおゆのはら》で開催された。改めて郷土の偉人を知るいい企画であり、好評であった。

三十四番「種間寺《たねまじ》」では納経所の方に「歩き遍路だけですよ」と言ってリンゴジュースを頂く。疲れた身体に冷たいジュースが身にしみる。

宿舎のスポーツセンターは西武ライオンズがキャンプを張ることで有名であり、松坂大輔君も食事したであろう食堂で夕食を頂く。西武ライオンズの優勝記念色紙が目を引く。もうすぐ西武の二軍キャンプが始まるとのことだった。

十月三日　天気は晴れ、仁淀川を渡って三十五番「清滝寺《きよたきじ》」へ。

高知出身の宮尾登美子さんの小説『仁淀川』を思い浮かべながら清流仁淀川を渡る。

堤防の下の用水路でおじさんが仕掛けを引きあげている。

「何を採っているのですか～」

「モズクガニじゃ、今が一番うまい時じゃね」

「たくさん採れるといいですね」

医王山の中腹に建つ清滝寺へはかなりの急勾配。妻の足の具合がずいぶんよくなった。一安心である。

仕事を辞め、今回二回目の遍路という埼玉からの青年と一緒になる。今回は内子までと言っていた。彼曰く「男性でも一日三十キロメートルくらいにしておかないときついですよ」。昨日出会った女性は「一日おきに二十キロ、三十キロを調整しながら歩いている」。皆さんそれぞれ工夫されながら頑張っているのだ。

国道三十九号線のトンネルを避け、塚地峠を越える。宇佐大橋を渡ると三十六番「青龍寺《しょうりゅうじ》」がある。夜間窓をたたく土砂降りの雨に翌日の天気を心配する。

十月四日　雨も上がり百八十段の階段を急ぎ駆け上がる。そんなに急ぐ旅ではないが納経所で団体さんの後になると大幅に時間のロスをする。バスツアーの添乗員さんの腕と背中には大量の納経帳と掛け軸が順番を待っている。お寺に着いてからの納経は常に団体さんとの関係に気を配る。

青龍寺は弘法大師が長安の青龍寺に倣って開いたとされ、密教の師「恵果《けいか》和尚」を慕って開いたお堂が石段の麓にたたずむ。

宇佐大橋を渡り青龍寺へ

宇佐大橋を戻り素晴らしい眺望の浦ノ内湾を左手に県道二十三号線を須崎に向かう。堤防で釣りをしている高校生に道を尋ねる。

「窪川へはこの道でいいのかなあ」

「窪川に行くんすか。遠いですよ。マジ歩いて行くんすっか」

　歩き遍路に接する機会が少なくなっているのかなぁとの感をしながら「有り難う、歩いていくよ」。

　途中遍路に対するサポート施設は何もない。やっと須崎に入ったコンビニでトイレをお借りし、おにぎりを買い、道端の公園で昼食を済ます。

　赤ちゃんをあやす若いお母さんを見かける。「宝物だね」。二人とも同じことを考えている。あの弾むようなゴムまりのような赤ちゃんの手足、今もこの手に、この腕に愛おしさが残る。

　宿舎の安和乃里はガイドブックには必ず出てくるほどの宿であり、その人気の秘密は何だろうかと興味があった。まず到着してすぐ抹茶を出してくださった。食事、お部屋にも心配りが行き届き、さらに翌朝出発に際し、小銭の入ったお接待を頂いた。もちろんこれからの遍路のお賽銭にというお心遣いではあるが、一方で自分が遍路できない方は、遍路を通してお寺へのお賽銭を託すという意味もあると聞いたことがある。それからのお賽銭に使わせていただいた。人気の一端を垣間見ることができた。

十月五日　朝から篠《しの》つく雨であった。「この雨では山越えの道は通行止めでしょう。国道を歩いたほうがいいですよ」とのおかみさんのアドバイスを受けて、雨の中、焼坂峠《やきさか》に向かう。菅笠を打つ雨の音、したたり落ちる滴に雨の激しさを覚悟する。

坂の途中の喫茶店でコーヒーを注文、ぐっしょりのレインコートを気にしながらテラスで冷えた身体を温める。焼坂トンネルは轟音、水しぶき、風圧・雨の遍路には十分すぎる試練である。

七子《ななこ》峠を越えて窪川に入る。ずぶ濡れの私たちを見て中年のおばさんが声をかけてくださる。

「大変でしょう。車で送りますから乗りなさいよ」

じつはこれが一番悩ましい。疲れて冷え込んだ身体には乗せていただきたいという誘惑にかられる一瞬である。お接待は有り難くお受けするものですという有り難いルールもある。一方で全コースを歩き通すという自分たち自身との約束がある。悩んだ末、「誠に申し訳ありません。このまま歩いて行きます。本当に有り難うございます」と丁寧にお断りした。

宿舎では、全国から研修中という理学療法士や作業療法士たちと同宿となる。彼ら、彼女らは何カ月もこの地の二カ所の病院で実地研修中とか。真のホスピタリティが求められる職業、そしてこれからの人生、こうした遍路宿にいわば下宿するような経験もまた貴重な経験となるであろう。朝方まで勉強する若者もいて迷惑をかけないよう気を使う。妻の足も快調になり、一日遅れの日程で巡礼が続く。

十月六日　早朝三十七番「岩本寺《いわもとじ》」にお参りする。ここまでも遠かったが、これから足摺岬までもっともっときつくなる。気合を入れなおす。

岩本寺を出ると次の金剛福寺まで八十キロメートル以上の距離があり、土佐湾に沿って南下することとなる。幸い妻の足も快復し、今日は約三十キロメートルの道程である。山を越えたり、畑の中を歩いたり、民家の中を通り過ぎたりと変化に富む道端の風景であった。

道に迷う心配はない。随所にへんろみち保存協力会が整備した〝遍路マーク〟が道を案内してくれる。歩き遍路にとって道案内はこの上なく有り難い存在である。道を間違えて引き返すことは実距離以上に心身ともに何倍も疲れることとなる。

疲れを紛らわせ気分転換を兼ねて言葉遊びを始める。身体で感じ、目で見て、頭に浮かんだよしなしごとをそこはかとなく十七文字にしてみようという試みである。俳句としての巧拙は論外であることはもちろんである。自薦の句を一句。

夫「菅笠《すげがさ》を　なでて三坂の　紅楓《べにかえで》」（久万高原三坂峠にて）

妻「秋桜《こすもす》の　香りに誘われ　杖《つえ》休め」（青龍寺に向かう道すがら）

十月七日　今日の天気予報は曇りのち雨。民宿久百々《くもも》まで約三十一キロメートル。四万十大橋を渡り、国道三二一号線の伊豆田トンネルを抜ける。焼坂トンネル同様、排気ガスと大型車両のスピードと轟音、思わず壁に身を寄せる。

傘も役に立たない強い雨がレインコートはおろか靴の中まで容赦がない。民宿久百々は噂にたがわず遍路に寄り添った細かい配慮が行き届いている。夕食は全員一堂に会し、来た道、行く道に話の花が咲く。金剛頂寺でクマバチに刺されたという方は、一週間ほど神戸のほうに帰っていたとのことである。「あのときは、四人の遍路が刺されて医者に飛び込んだよ」。翌日、道端ですすきの根元に咲くナンバンギセルを熱心に撮影しておられた。

その間、濡れた靴は新聞紙で水を吸い取りドライヤーで中まで乾かしてくれている。やはり歩き遍路は靴が重要な友である。痒い所に手が届く宿の配慮に感謝である。

十月八日　大きな目標であった三十八番「金剛福寺《こんごうふくじ》」にお参りする。
椿のトンネルをくぐると半円級の水平線を隔てて空と海が拡がり、足下を黒潮が洗う。道の途中で遠望した足摺岬、あそこまで歩くのか。あまりの遠さに気持ちが萎えそうになったが、一歩一歩、仏様へのお願いがとうとう足摺岬まで後押ししてくれたのだ。

金剛福寺から太平洋を眺める。海のかなたにこそ極楽浄土があり、船に乗って浄土を目指すという「補陀落渡海《ふだらくとかい》」伝説が足摺岬にも伝わる。

和歌山県那智勝浦町の「補陀落寺」

補陀落渡海は熊野が発祥とされ、那智山麓に補陀落信仰の根本道場「補陀落寺《ふだらくじ》」がある。現世の生を捨て観音浄土に生まれ変わるという補陀落渡海。井上靖氏『補陀落渡海記』（二〇〇〇年　講談社）によるとこの捨身行《しゃしんぎょう》は、貞観年間に始まり永禄年間まで七百年余にわたって続き、小舟に経典類や仏像、食料や水などを積み込み、帆柱に南無阿弥陀仏と染め抜いた帆をかけ、浜ノ宮から海上三里、船に曳かれ綱切島に到り、その後は小さな船底に一人経を唱え、補陀落の浄土を求めて船出したという。金光坊の悲劇的な渡海を最後（例外は天正年間の清源上人がある）に、この後は補陀落寺の物故者を補陀落渡海と称して小舟に乗せ、南の海に送り出すということとなったという。室戸にも同様の伝説が伝わる。

門前に立ってはるかに空と海に糸を引く水平線を望むと、海のかなたの浄土を信じたくなる。

「大君をお護りください。導いてやってください」

手を合わせ、繰り返す。

納経所で「歩き遍路だけですよ」と言って金剛福寺の名を記した携帯電話のストラップを頂く。今もスマートフォンで一緒である。

昼食は、今朝おかみさんが持たせてくれたおにぎりとバナナを国道わきに座り込んでいただく。お菓子まで添えてくれている。心遣いがうれしい。

昨夜八時ごろ宿舎に「素泊まりで」と言って飛び込んできた女性の遍路さん、

今朝も何も食べずに出かけて行ったとおかみさんが心配して「出会ったらこれを差し上げて」と預かったお菓子。金剛福寺からの帰り道その姿を見かける。足を引きずって見るからに痛々しい。声をかけ、お菓子を渡す。涙で濡れる顔を見ていると身体以上に心の痛みが伝わってくる。

遍路道はさまざまな人と事情を運んでいる。私たちのような供養の遍路もある。自分探しの遍路もある。自分を鍛える遍路もある。出会った多くの若者は就職で悩んでの遍路だと聞かされた。目の前の彼女はどんな事情か知るすべもないが、失恋を癒やす遍路もあろう。

十月九日　三十九番「延光寺《えんこうじ》」へは二つの道順がある。一つは竜串〜月山を経由する海岸沿いの道、もう一つはもと来た道を戻り、途中下ノ加江から三原村に向かう山の道である。私たちは戻り打ちを選択、川に沿って山道をたどる。思わぬことに「息子が行方不明になった」との親からの依頼で地元の消防団や地域の方々が多数動員され捜索中であった。どんな事情があるのだろうか。無事であればと願う。

リュックサックが肩に食い込む。身体の疲れと背中で感じるリュックサックの重みは比例する。中には、着替えのための衣服、洗面具、レインコート、足まめ対策の消毒液やテーピング・テープ、ガイドブック、カメラ、ノート、保険証やキャッシュカードなど、歩き遍路に必要なもの、或いは非常用のためのグッズがぎゅうぎゅうに詰められている。ほかにもペットボトルなどが取り出しやすいポケットに収納されている。私たちの場合、おおむね夫七キロ、妻五キロの重さである。二回目からはできるだけ身体に合ったリュックサックがいいだろうということになり、やや大きめのリュックサックに買い替え、ずいぶんと楽になった。遍路交流センターで頂いた記念バッジが今も誇らしげにリュックサックを飾っている。

今日も道端に腰を下ろしてのお昼ご飯である。朝、持たせてくださった栗入りの赤飯が本当においしい。

## 菩提《ぼだい》の道場

十月十日　宿毛を抜けて四十番「観自在寺《かんじざいじ》」へ向かう。宿毛は今日の日本の礎《いしずえ》を築いたともいえる大宰相吉田茂を輩出した地である。

松尾峠を越えると愛媛に入る。土佐の「修行」から伊予の「菩提」へ。

菩提とは「煩悩を捨てた智慧を得ること」。凡人には煩悩を捨てることも知恵を得ることもなかなか難しいが、身体のほうは相当慣れてきて妻の足も大丈夫。

松尾峠は急坂であり、二人とも大粒の汗を流す。土佐から伊予にかけての道は歴史の道でもある。リュックサックの大君に話しかける。「昔の人はこんな坂、苦にならなかったのかなぁ」。

同行二人、遍路を支えてくれている金剛杖も身をすり減らし、相当短くなってきた。

十月十一日「観自在寺」を打ち終え、柏坂を超える。標高四七〇メートルの急坂はかなりきつい。詩人野口雨情の詩の木柱が並んでいる。「松の並木のあの柏坂　幾度涙で越えたやら」

汗が滴る坂道の多くでは、弘法大師が旅人の渇きをいやすため、湧出させたという「お水」がある。柏坂は「柳水大師」と呼ばれている。のどの渇きを甘露《かんろ》で潤す。

旅の途中で面白い話を教わった。八十八カ所のお寺がどうして阿波と讃岐に多いかというと、それは「水」に対する危機感と有り難さの差だという。水不足に悩む地域には弘法大師伝説は多い。超人的博学であったと言われる弘法大師は鉱山学の知識も十分であり、水不足に悩む地域の危機をその豊富な知識で救ったのであろう。住民の感謝の念篤《あつ》く、それに伴ってお寺も多いという。真偽のほどはわからないが、さもありなんと思う。

宿舎の「三好旅館」はお客さんがいっぱいで別棟の離れに泊めていただく。かば焼きの夕食はお支払する宿泊料の何倍もの御馳走であった。

翌朝、蜜柑のお接待を頂き、凛とした空気の中気持ちよく歩きだす。そういえば今日は十月十二日、秋の気配を感じながらの巡拝の旅である。

松尾トンネルは排ガス対策がなされていたが、入り口で学生がマスクを着けている様子を見て、人と車、経済と環境、ここでも難しい課題が突き付けられていると感じた。

宇和島に入る。宇和島藩八代藩主伊達宗城は日本人のみで我が国最初の蒸気船を建造するなど幕末の歴史を飾った英雄として後世に語り継がれている。司馬遼太郎さんの歴史小説を思い浮かべながら城下を通り過ぎた。

四十一番「龍光寺《りゅうこうじ》」を打ち、階段下のお土産屋兼食堂に立ち寄る。主人の話が面白い。苦労した人の成功物語である。「まあコーヒー飲みねぇ。饅頭食いねえ」。コーヒーとお饅頭のお接待を頂きながら、壁にかかる田中角栄さんの写真が二重写しになる。

十月十三日　朝もやの中を出発、七時半ごろ四十二番「仏木寺《ぶつもくじ》」にお参り、今日は距離が短いと余裕の足取りであったが、思わぬ四八〇メートルの歯長《はなが》峠に汗を流す。だいぶ疲れてきたのかなと思いつつ四十三番「明石寺《めいせきじ》」を目指す。

九十二歳というおじさんが農作業の手を休め話しかけてくる。

「和歌山にはよく行ったよ」

高野山、白浜などの地名が出る。とうとう串本節まで披露してくれた。四国霊場と高野山、四国と和歌山は弘法大師を通して深いつながりがある。

明石寺では思わぬ出来事に出くわす。お参りのおばさんが悲鳴を上げる。服の中にスズメバチが入って刺されたらしい。同行の方がミツバチだろうと楽観的なので、「できれば医者に行ったほうがいいのでは」とアドバイスする。

十月十四日　内子までたっぷり距離がある。六時半、前日に買っておいたパンを朝食に雨の中を出発。

鳥坂峠は雨のためトンネルを選択。一一一七メートルの鳥坂トンネルも遍路にとっては難所、入り口に置かれている反射たすきはせめてもの言い訳か。

大洲に着く。昼食はレインコートが濡れているので、道に面したベランダとし、ランチの昼食となった。お接待です、とせんべいを頂く。このころになると頂いたお接待への対応も身につき、何のてらいもなく納め札をお渡しし、お礼を申し上げる。

今日で二十日目、疲れてきているのか、歩く速さは一時間当たり午前中三・五～四キロメートル、午後は二・五～三キロメートル程度かと思われる。夫婦の会話も午後はめっきり少なくなり二人とも機嫌が悪くなる。

町中を抜け大洲城を左手に肘川《ひじかわ》を渡る。ほどなく遍路にとっては大切な「十夜《とよ》ケ橋《がはし》」に差しかかる。弘法大師の厳しい修行時代に思いを馳せ、私たちも杖を小脇に抱える。

内子。私にとってはノーベル賞作家大江健三郎氏を輩出した地としてぜひ訪ねてみたいと思っていたところである。この地がなぜこのような大作家を生み出し得たのか、その背景、土壌は何か。ようやく内子に来て話を伺うことができる。

旅館のおかみさんの話によると内子の経済基盤は、江戸時代に白いローソク（それまでは茶色のローソクであった）を作り出したことだという。明治時代には木蝋生産で財を成した豪商も語り継がれている。

経済（富）の豊かさが文化、芸術全般にわたり土壌となり、天賦の才を育み、開花させるのではないだろうか。世界史的に見てもギリシャ、ローマ、フランス、イギリス、アメリカ。文化勃興《ぼっこう》の地が富を背景に変遷することがわかる。

紀州も同様である。紀伊半島を縦断し太平洋に流れ込む熊野川、温暖にして多雨のこの地は流域に広大かつ良質の木材を産する。この木材が筏《いかだ》流しとなり、河口「新宮《しんぐう》」に膨大な富をもたらした。海を介し江戸と直結したこの富は、この地に華やかな文化と共にすぐれた文学者を次々生み、育てていった。佐藤春夫、東くめ、西村伊作、そして中上健次。紀伊半島南端のこの地に脈々と文化が息づいている。

内子もそうであろう。町のたたずまい、何より大江健三郎氏を生み出した文化的な土壌は一朝一夕でできるものではない。大江氏の生家前で記念写真を撮る。

紅格子の中から犬の鳴き声が聞こえる。対岸に大瀬の秋祭りを見ながら山中の宿に向かう。

十月十六日　広田村の民宿ではご無理をお願いし、朝食をおにぎりにしてもらって六時に出発、鴇田峠《ひわたとうげ》へ向かう。弘法大師が疲労と空腹のあまり修行が足りないと悔やみ、地団太を踏んでがまんしたとの逸話がある「だんじり岩」を見ながら峠を越える。難所の山越えであったが、覚悟ができていたせいか、身体が慣れてきているせいか、思ったよりも易い峠越えであった。

四十四番「大寶寺《だいほうじ》」を打ち終え、昼前に宿舎に到着。リュックサックを預け、昼食を済ませて四十五番「岩屋寺《いわやじ》」を目指す。片道十二キロメートル、疲れた身体で何時に帰れるやら。

八丁坂から尾根へと続く坂道は予想以上にきついが、大汗の後は尾根に続く木立と風が気持ちいい。尾根伝いの道は岩屋寺の背戸からの参道となる。落石に細心の注意をしながらお参り。お寺は、字のごとく奇岩怪石、絶壁の屏風に開山さ

岩屋寺にて

れた大変険しい風格のあるいかにも修験の地という感のお寺であり、山全体が本尊となっている。一遍上人の修行の場としてもよく知られている。空海が修行したという「逼割禅《せりわりぜん》定《じょう》」は、はるか巨岩の割れ目にあり、絶壁を梯子でよじ登る。「無理だ」。あきらめる。

今日はよく歩いた。実歩十一時間、五時過ぎに宿に帰り着く。二人とも疲れた足は気持ちのいいお風呂で入念にもみほぐす。先に岩屋寺を出たおじさんは八時ごろの帰宿。心配した宿の主人に叱られたとは朝食時の話題。

十月十七日　朝霧の中、肌寒いくらいの久万高原を出発。松山市内とは五〇〇メートルの高低差があるという三坂峠は、早秋の気配が漂う。

逆打ちで、これから三坂峠を登るという夫妻に出会う。逆打ちの順路であれば、この坂も立派な遍路ころがしの候補地になるだろうと思い、「お気をつけて。頑張ってください」。

坂を下り、みかん畑を抜けると、昨日までの涼しさが嘘のように蒸し暑くなる。四十六番「浄瑠璃寺《じょうるりじ》」、続いて熊野と縁があるという四十七番「八坂寺《やさかじ》」を打ち終え、四十八番「西林寺《さいりんじ》」で若い夫婦の遍路に出会う。「どこから?」「東京からです。仕事の合間を縫っての遍路なので、走り走りのお参りです」。妻「あまり急いで足を痛めないようにね」

後日写真同封の便りがあって、やはり奥さんが足を痛めたとのこと。次回からは無理をしないよう。熊野古道に関心があり、後日資料を送ることを約す。

空也上人ゆかりの四十九番「浄土寺《じょうどじ》」、一遍上人ゆかりの五十番「繁多寺《はんたじ》」を打ち、今日はここまで。

「さあ、道後温泉だ」。温泉好きの私には最高の癒しであり、蘇りの場である。大浴場に身体を沈め、道後温泉を堪能する。

「湯煙の　道後で癒され　次回期す」

十月十八日　二回目の区切り打ち最終日。五十一番「石手寺《いしてじ》」は、遍路の元祖といわれる衛門三郎伝説のお寺である。道後温泉という地理的関係もあり、その賑やかさは、ほかのお寺では感じられない雰囲気である。

坊ちゃん湯の脇を抜け、松山大学のそばを通って太山寺を目指す。有り難いお接待が続く。焼いたばかりの熱々の栗、冷たいお水も歩く身には有り難い。お昼ご飯の食堂ではお饅頭を頂く。本当に有り難いことである。

五十二番「太山寺《たいさんじ》」は立派な構えのお寺である。一の門、仁王門、山門と奥行きが深く本堂、太子堂は一番上にある。本堂は国宝に指定されている。

繁多寺、太山寺と立て続けに車利用の遍路さんから、「いいね。羨ましい。私たちもぜひ歩き遍路をしてみたいと思っている」と話しかけられる。これまでも幾度となく同じような会話が交わされた。私たちのように見るから夫婦の歩き遍路には話しかけやすいのかもしれない。私たちが歩き遍路を始めた想いは、遍路を志す方々にとっては胸の奥底に共通した想いなのかもしれない。そしてできれば歩き遍路をと多くの方々がそう願っているのだ。

ところで四国遍路の歩き遍路はどれくらいの人数がいるのだろう。辰濃さんは著書『歩き遍路――土を踏み風に祈る。それだけでいい。』（二〇〇六年　海竜社）に「二〇〇五年ごろは年間千八百五十人余ではないか」、月岡さんは『平成娘巡礼記　四国八十八カ所歩きへんろ』（二〇〇二年　文藝春秋）に「千四百四十人程度では」と書かれている。二千五百人から五千人程度ではという記事もある。正確な実数は誰も把握のしようがないのでは。夫婦遍路となるとさらに、さらに少なくなるだろう。

今回私たちが出会った夫婦の歩き遍路は、思い出すだけでは吉野川近くのレストランで出会った二人連れ、北海道釧路からのご夫妻、三坂峠下ですれ違ったご夫婦、それに東京からという若いご夫婦など五、六組であった。

五十三番「円明寺《えんみょうじ》」を打ち、今回の遍路はここまでとする。昼食のため立ち寄った喫茶店で、松山から徳島への高速バスが出ていると教わりこれを利用。日付が変わって自宅に着く。無事でよかった。「無事」、これに勝るものはない。

**〈後記〉**

夫

出発は九月二十五日、お彼岸は過ぎたとはいえ残暑なお厳しい海岸沿いを室戸岬に向けての第二回遍路の旅立ちであった。室戸、足摺と海岸沿いの遍路道で、真っ黒に日焼けした手や顔も、岩屋寺の木立を抜けるころは秋風を感じる候になっていた。

道端の草花も、真っ赤な彼岸花から萩、秋桜へと移り変わり、久万高原は早や紅葉の始まりを告げていた。

季節の移ろいを感じたこの一カ月、そして常にやさしい四国の人情に触れた一カ月。次回の結願を期して今回はここまでとする。

妻

二回目の区切り遍路も今日が最終日。台風や足のまめのため、予定を一日オーバーしての二十四日間であった。

ずいぶん長い間四国を歩いたような気がする。日和佐を出発した日、室戸に向かって足を引きずっていたころがずいぶん前のような気がする。人生の中でも初めて経験する濃密な一カ月であった。

バス遍路の一人が「歩き遍路ですか。じつは私も来年くらいにはぜひ歩き遍路をしたいと思って、今回下見を兼ねてバスツアーに参加しました」、自動車でお参りの夫婦からは「いつかは、ぜひ夫婦で歩きたいと思っています」などのお話をたくさん伺った。

歩いて、歩いて無心になってお参りを済ますと、疲れた身体が次の遍路に向かって歩き出している。歩き遍路の魅力とは何だろう。

私たちの遍路も三分の二が終わった。身体の疲れは隠すべくもないが、この充実感、満足感を求めて最後の三分の一を頑張ることとする。

結願が見えてきた！

＊　＊　＊

十一月七日　三回目の遍路に出かける。夕刻松山駅前のホテルに到着、宿泊。

「さぁ今回で結願。明日からまた頑張って行こう」。

十一月八日　七時、雨の中ホテルを出る。あいにくの雨というよりは、あまり距離を延ばせない雨のほうが有り難い。二回目の遍路からあまり日にちが経っていないのでまずは身体を慣らしてから。

前回最終となった円明寺に再度お参りし、般若心経、大君のお願い、そしてこれからの旅の無事を願って出発。遍路道は瀬戸内海沿いの道を東進することとなる。

鎌大師にお参りの後、小さな坂道を超え国道に出る。雨の中、中年の女性二人が車で待ってくれていて熱々のたこ焼きを頂く。

「この先のスーパーマーケットで見かけたの。この坂を越えてくると思ってここで待っていたのよ」「私たちも先日車で八十八カ所参りを済ませたところなの」。

このたこやきの温もりは私たちが坂を越える時間まで計算してくれていたのだろう。そのご親切に胸が熱くなる思いである。道路わきのベンチに腰を掛け、おいしくいただく。雨に冷えた身体だけではない、心まで温めていただき、お接待がしみた。

「遍路道での最高の出会いは、お接待との出会いだ。お接待というお遍路文化は、遍路道のそこここに埋め込まれた宝物の中でもいちばんの宝物だろう。なぜ宝物なのか。それは生きるうえで、いちばん単純で、しかも大切なことは何かというおおもとに気づかせてくれるからだ」辰濃和男著『歩き遍路――土を踏み風に祈る。それだけでいい。』（二〇〇六年　海竜社）より
四国遍路のお接待文化はこういう形で引き継がれてきたのだろう。いやこれからも脈々と続いていくであろうことを確信した。

十一月九日　五時起床、前日に買っておいたパンを朝食に夜明け前出発。瓦工

いつでもどこでも親切にしていただいたお接待の一コマ

場をのぞき見しながら五十四番「延命寺《えんめいじ》」を打ち、今治市に入り五十五番「南光坊《なんこうぼう》」にお参り、納経所では思いがけなく御朱印のほかに「紀伊国　垣平　一期一会」と記帳していただく。世に二冊とない感激の納経帳となった。

五十六番「泰山寺《たいさんじ》」、五十七番「栄福寺《えいふくじ》」と打ち、五十八番「仙遊寺《せんゆうじ》」への道を登る。

お昼は今治駅前のきれいなうどん屋さん、「四国の人たちはだいたい車でお参りするのよ」。日和佐での母娘との会話を思い出す。出がけに飴の接待を頂く。

久しぶりの坂道、汗をかく。仙遊寺は温泉、ゆっくり入ろう。食事は精進料理、おいしくいただこう。

十一月十日　朝、お勤めの後、仙遊寺住職の説法を聞く。政治のこと、子育てのこと、お寺のことさまざまな分野にわたって話に熱が入る。「残り少ない人生、好きなように生きなさい」。色紙の揮毫は「遊」。

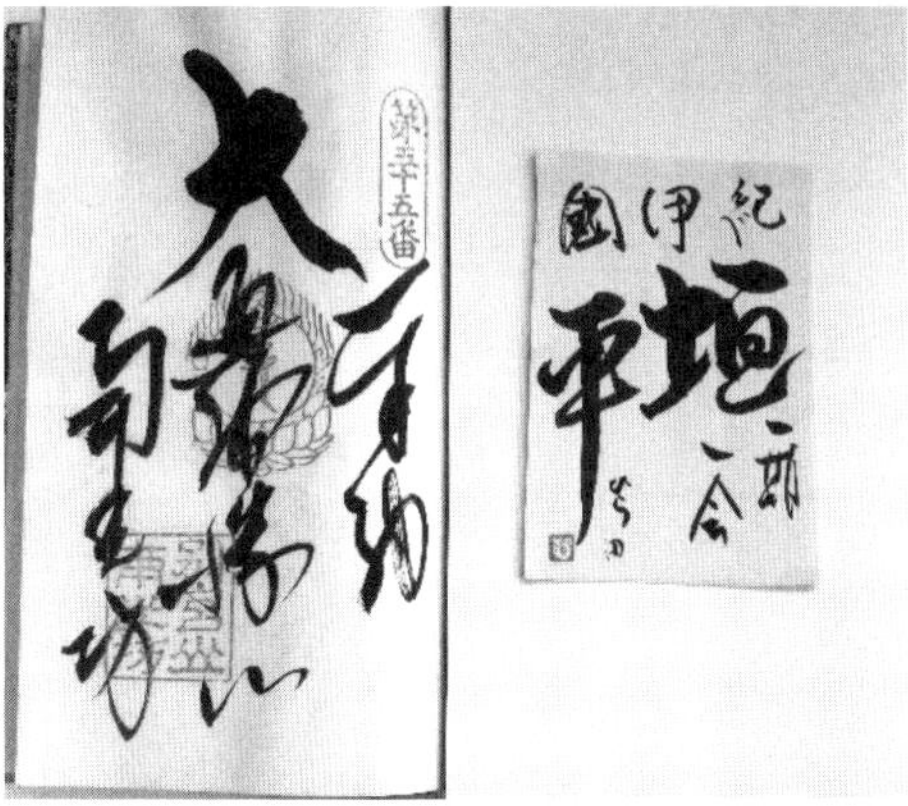

南光坊で記帳していただいた納経帳

住職の熱の入った講和でやや遅めの朝食となったが、五十九番「国分寺《こくぶんじ》」に向け出発、翌日の横峰寺参拝に備え、麓の温泉宿へ。沿道のおじさん、おばさんの接待がうれしい。フクロウのぬいぐるみ、飴、柿、蜜柑、皆さん優しい。

朝七時、コンビニで昼食のおにぎりを買って六十番「横峰寺《よこみねじ》」を目指す。

三回目ともなると身体が慣れてくるのか二人ともすこぶる快調。ここも遍路ころがしの一カ所だったと思いながら急な坂道を登る。聳《そび》える霊峰「石鎚山《いしづちさん》」山頂は早や冠雪の季節である。出がけは肌寒さを感じたが十時前にお寺に到着。久しぶりに下着まで汗でぐっしょり、お寺の裏手をお借りしシャツを着替える。

横峰寺は、石楠花《しゃくなげ》の大木がうっそうと茂り、湧き出るお水をぜひ飲んでいくようにと勧められる。しっかり思い出に残るお寺であった。

横峰寺は下りも大変。長く急な坂道を下り、六十一番「香園寺《こうおんじ》」奥の院にお参りする。近代的なコンクリート造りの本堂に比べ、奥の院は静かな佇まいである。遍路にはこちらのほうが優しい。

六十二番「宝寿寺《ほうじゅじ》」、六十三番「吉祥寺《きちじょうじ》」と市街地の札所を打ち終える。北海道からという遍路さんは今回はここまでとのこと、ここでお別れ。なぜか北海道の方との出会いが多かった。

六十四番「前神寺《まえがみじ》」にお参り、西条駅前のビジネスホテルに宿泊。

十一月十二日　快晴。今日はお参りする札所はなく、瀬戸内沿いの道を行く。

新居浜の商店街通りで札幌の青年と出会う。失業中、野宿ができる休憩所を探し探し、訪ね歩いての遍路だという。昨日車のおばさんから頂いた五百円硬貨と朝市で買った蜜柑を渡す。お接待のおすそ分けである。野宿先を探しながらの遍路もそれはそれで修行のうちであろうと思うが、こうも寒くなってくると可愛そうな気がしてくる。「頑張りなさいよ」。大君のことも頭によぎりながらそう願う。

報道によるとこうした失業者は、百万人を超えるとか。遍路に来ている青年はまだ健全な精神の持ち主だと思う。遍路を通して必ず自分自身を見つめ直し、鍛え、そしてこれからの社会に立ち向かっていくことであろう。

慈悲とは、「悲しみがわかることによって生まれる慈しみの心」。仙遊寺住職の説話通りだとすれば、こうした時代にあってこそ政治や宗教は何をなすべきか。

十一月十三日　伊予「菩提の道場」最後の札所、六十五番「三角寺《さんかくじ》」を目指す。「おはようございます」。はずむ子供の声に元気が出る。四国の遍路文化はこうした子供のころからの家庭や学校での教え、しつけによって育まれたものであろうと納得する。

次第に険しさを増す急坂を上る。猪も冬に備え参道脇の掘り返しに余念がない。おにぎりで昼食。境内は珍しく桜が満開、記念撮影。

「菩提」とは、煩悩を掻き捨てた智慧を得ることとある。少しでも煩悩を捨てただろうか、知恵は得ただろうか。自信のない伊予の旅であった。

番外札所椿堂を経て、「境目トンネル」を抜ける。遍路道はこれから先、香川県、讃岐に入るはずであるが、いったん阿波に立ち寄ることになる。ここには「民宿岡田」がある。

お遍路が大好きで多くの遍路に慕われたおばあちゃんの後を継いで、遍路を支える岡田のご主人、男手一人では大変だろう。宿泊客のほとんどがそれまでの顔なじみということに加え、ご主人のお人柄も手伝い、夕食は賑やか。心配だった民宿の運営も若夫婦が後を継ぐことになり、ご主人もそして多くの遍路も一安心というところか。

## 涅《ね》槃《はん》の道場

「涅槃」とは、いっさいのとらわれから脱した安らぎ、煩悩の火が消えた悟りの境地をいう。

十一月十四日　山中の朝は気温が下がる。標高九二一メートルの六十六番「雲《うん》辺《ぺん》寺《じ》」を目指す。雲辺寺は八十八カ所中もっとも高いところにある寺だ。六時半宿を出る。ご主人が玄関で親切に道順を教え見送ってくれる。

下界を霧が覆い隠す。噂通りの急坂は遍路ころがしの面目躍如、落ち葉の上に落ち葉が重なる土道の感触を踏みしめながら頂上を目指す。

焼山寺、鶴林寺、太龍寺、神峯寺、横峰寺、そして雲辺寺、名にしおう遍路ころがしを歩き終え、よくぞ歩き終えたという充実感の反面〝もうこれで汗の遍路ころがしは終わりか〟一抹の寂しさを感じる。「遍路病」の兆候かな。

遍路病とは、一度歩き遍路を体験すると、その魅力に取りつかれ、もう一度遍

雲辺寺より下界を望む

路に行きたいという想いが昂《こう》ずる状態をいう。四月、平等寺近くの宿で会った一年に一度歩き遍路をしているという中年のおじさんは正真正銘の遍路病患者であろう。

雲辺寺は、堂々たるたたずまいに等身大の五百羅漢が並び壮観である。時間をかけてお参りし、さまざまな表情の五百羅漢に見送られて坂道を下りる。道端に「土佐しもつけ」という花案内がある。我が家には「紀伊しもつけ」が白い花を咲かせている。「土佐と紀伊、どう違うのだろうね」などと話しながら自然林に包まれた、心地よい長い急な坂道を、土を踏み落ち葉を踏み、風を感じ、木漏れ日を受けながら麓まで。

香川県に入ると圧倒的に自然林が多いことに気が付く。これはたぶん水源の確保という必要性から生まれた、先人たちの長年にわたる智慧と努力の賜物ではないかと思う。

**〈閑話〉**

自然林の多さを見て、紀州にも森を守ることに一身をささげた偉人がいたことを思い出す。和歌山が生んだ一世の碩学《せきがく》「南方熊楠《みなかたくまぐす》」である。人生の後半生を紀州田辺で過ごした熊楠は、明治三十九年政府より公布された「神社合祀令《じんじゃごうしれい》」に強く反発する。

神社合祀令とは、全国で約十九万社（明治三十九年）あったと言われる神社を「1町村1神社」とする政策である。

これに対し「神社の廃止によって、神社の一部をなす森林が乱伐され、固有の珍しい動植物が絶滅する。特に老樹、大樹の伐採は自然、文化の破壊につながる」と熊楠は猛然と反対する。特に世界的に名声を得ていた「粘菌学」への影響を憂慮することも大であったと思われる。

行動は激しく、県による講習会に乱入、カバンを投げつけるなどの暴行により「家宅侵入罪」で十八日間収監されるに及ぶ。熊楠の努力が実を結び、大正九年漸く貴族院において、「神社合祀無益」と議決される。

昭和四年、昭和天皇陛下は南紀行幸に際し、御召艦「長門」に熊楠をお召しになり、御進講をお受けになる。この際、陛下に献上の標本を、キャラメルのボール箱に入れてお渡ししたことは熊楠の生き様を表す逸話として、つとに有名な話である。

昭和三十七年、南紀に行幸された天皇陛下は熊楠を追懐し、「雨にけぶる神島を見て　紀伊の国の生みし　南方熊楠を思う」と御製を詠まれた。

**〈閑話休題〉**

かやの大木に迎えられ、六十七番「大興寺《だいこうじ》」の九十四段の階段を上る。境内で皆さんと一緒に岡田で頂いたおにぎりをほおばる。

観音寺市内に入って大平正芳記念館を訪ねる。第六十八代内閣総理大臣である。

「大平先生は、田園都市国家構想を提唱されるなど、哲学・思想を備えられた大政治家でしたね」

「いや、そう言ってくれると嬉しい。識者やマスコミからは哲人宰相と言われています」

国民からは地味な政治家との評もあろうが、私にとっては歴代ベストファイブに入る賢人総理である。会話が弾む。

同じ境内に並んで建っている六十八番「神恵院《じんねいん》」、六十九番「観音寺《かんのんじ》」を打ち終え宿舎に入る。

十一月十五日　七十番「本山寺《もとやまじ》」は、広い境内に五重塔が印象的である。鎌倉期建立で国宝に指定されているとのこと。

行基が開いたとされる七十一番「弥谷寺《いやだにじ》」までの十二キロメートルの道のりも長く感じられたが、境内の階段がすごい。五百八十三段の階段は、八十八カ所の中ではもっとも長い階段であり、加えてその急勾配は息切れするほどであるが、頑張って上った本堂からの眺望は絶景が待っている。階段を下りた俳句茶屋でうどんの昼食を頂く。

八十八カ所中最古の創建と言われる七十二番「曼荼羅寺《まんだらじ》」を打ち、七十三番「出釈迦寺《しゅっしゃかじ》」にお参り。弘法大師修行の地「捨身ヶ嶽」に行けなかったことは残念の極みであったが、二人の疲労も相当蓄積してきている。

七十四番「甲山寺《こうやまじ》」を打ち終えるといよいよ弘法大師誕生の地であり、聖地高野山、根本道場東寺と合わせ三大霊場とされる七十五番「善通寺《ぜんつうじ》」である。

境内は七ヘクタールの面積を擁し、楠の木の巨木に囲まれた壮大な五重塔は、夜はライトアップされ多くの人出で賑わっていた。お寺に隣接する民宿に宿をとり、昼はお参り、夜は見物にと時間をかける。善通寺まで来るといよいよ結願も近いという思いが強くなる。

十一月十六日　小雨の善通寺を発つ。七十六番「金倉寺《こんぞうじ》」で北海道釧路からの夫妻と別れる。十一月八日以来ほとんど同じ行程であったが、ちょっとゆっくりの旅にするとのこと。初めての四国遍路、しかも一気の通し打ち、奥さんは七十歳を越えている。よくぞここまで頑張ったものだと感心する。

「よく頑張りましたね。普段から体力を鍛えているのですか？」

「近くの公園に出かけたり、雪の間は屋内施設でウオーキングを中心に体力をつけています」

「釧路はもうかなり寒いでしょうね。くれぐれもお気をつけて」

「何度も来れませんので頑張ってお参りしていきます」

その後〝五十日で満願、大阪を経由して高野山に参拝、無事釧路に帰宅〟との便りをいただく。

七十七番「道隆寺《どうりゅうじ》」を打ち、八十八カ所中唯一の時宗の寺という七十八番「郷照寺《ごうしょうじ》」を打ち終える。七十九番「高照院《こうしょういん》（天皇寺）」の近くには有名な「八《や》十場《そば》の寒天」がある。寒天大好きの私としては道中の楽しみの一つである。「日曜日のため休業」との張り紙に残念無念。次回の楽しみとしよう。

高照院を打ち、八十番「国分寺《こくぶんじ》」までの国道、車の老夫婦が、

「車に乗っていかないかね」と親切に声を掛けてくださる。

「有り難うございます。せっかくのご厚意ですが歩いていきます」

「そう、このごろはそういう方も多いね。では蜜柑をあげる」

十一月十七日　麓の宿を早朝に出て八十一番「白峰寺《しろみねじ》」に向かう。晴れ。一本松への道は正真正銘の遍路ころがし、汗にまみれる。左へ道をとり尾根を伝う。色づいた落ち葉が道を染める。お寺も紅葉に囲まれ、本当にきれいな景色でのお参りであった。

引き返して八十二番「根香寺《ねごろじ》」へ。根香寺も紅葉に染まり、回廊の奥まった本堂にお参り。長い坂道を下り、おじさんにおいしい蜜柑を頂き河川敷を歩き、川を渡ったところに八十三番「一宮寺《いちのみやじ》」がある。宿舎は「天然温泉」との看板がか

かっている。温泉大好きの私としては何よりの休息である。

十一月十八日　高松市に入り、御土産にすべく名物讃岐うどんのお店を探す。有名なうどん屋さんは朝から大勢の客で賑わっていた。「讃岐の方は朝からうどんなのかね」。朝ご飯にうどんを食べたことがない私たちには珍しい風景であったが、一杯注文。〝これが讃岐うどんだ！〟。おいしさを堪能した。以来、うどんはやはり讃岐うどんというこだわりは今も続いている。

白峰寺への急坂

市内を抜け八十四番「屋島寺《やしまじ》」へ。途中、「怪童」と言われ日本プロ野球界の一時代を画した中西太氏の記念館が目に入る。立ち寄りたい誘惑にかられたが、疲れた身体が先を急がす。屋島寺は標高三〇〇メートルの台地にあり、登り道は厳しい。妻の足取りが遅れがちになる。

屋島は源平合戦の主戦場であり、平家滅亡の一里塚でもある。紀州那智の浜で入水したと伝わる平維盛を想い、しばし眼下に平家を偲ぶ。下り坂が急である。「危ないから気をつけてよ」。声をかけながら一歩一歩麓まで。

岩峰が屹立する五剣山の中腹に建つ八十五番「八栗寺《やくりじ》」、急峻な上り坂はケーブルカーが遍路を運ぶ。私たちは最後まで徒歩である。麓から中腹の紅葉は今を盛りと赤や黄色の装いを競っているが、境内の菩提樹は落ち葉を敷き詰めている。

十一月も下旬、朝夕の冷え込みが厳しい。宿舎の岡田屋旅館は暖房を入れ、鍋物で夕食をもてなしてくれた。その温かい心遣いが身にしむ候となっていた。

いよいよ明日は結願。仏様は何と声をかけてくださるだろうか。どんな顔で迎えてくださるだろうか。

# 結願

## 結願

十一月十九日、曇り時々雪。早朝宿をたつ。八十六番「志度寺《しどじ》」の山門をくぐる。市街地を抜け八十七番「長尾寺《ながおじ》」を打ち終えると結願を残すのみ。

「寒いですね」

「今日は特に寒いよ」

雪がちらつく坂道を大窪寺へと歩を運ぶ。

「前山おへんろ交流サロン」では、歩き遍路に限った「遍路大使」の証明書と「記念バッチ」を頂く。昨日の雨と冷え込みのため、「今日は危ないから女体山ル

結願！　大窪寺にて

ートは避けたほうがいいですよ」と、国道センターのアドバイスを受け、国道ルートをたどる。

八十八番「大窪寺《おおくぼじ》」にお参り。念願だった歩き遍路がやっと結願。本堂と大師堂では「有り難うございました。無事八十八カ所の歩き遍路を終えることができました」、長旅の無事にまず感謝。

続いて、今回の遍路を発願した大君へのご加護を心ゆくまでお願いする。

「大君を護ってやってください。導いてやってください。お願いいたします」

　何度も何度も繰り返す。

　寒さと多くの遍路の声に紛れて、聞きたかった仏様、お大師さまの声は聞くことができなかったが、きっとお聞き届けくださり、「よく歩きとおした。大君のことは引き受けた」と仰ってくださったと、自らに言い聞かす。

〝大君、やっと八十八番「大窪寺」に着いたよ。久しぶりにお父さんの背中におっぱされての旅はどうだった？　楽しかったかい？　お父さんもお母さんも大君との旅は忘れ得ぬ思い出深い旅になったよ。昨夜も夢で大君に会った。お大師さんが歩き通したことにご褒美をくださったのかなぁ。

歩き遍路を終えた証

　大君を失ったことは、お父さん、お母さんにとって生涯の痛恨事であり、残念で寂しくてしようがない。しかしこの旅で考えた。大君は二十三年間お父さん、お母さんに子育てという二度と手にすることができない無上の喜びを与えてくれた。その楽しかった思い出に感謝しながら、また会える日まで大君を想い、語りかけ、生きていくよ〟

歩き遍路を発願することとなった心のもやもやが一気に解き放たれ、満腔《まんこう》からの充実感、達成感に浸ることができた。よかった。本当によかった。

辰濃さんの言葉を繰り返す。

お遍路は亡き人を供養する旅である。その人を失った痛みを想い、時には亡き人の痛みを背負いこむ。あるいはその笑顔をよみがえらせる。それが供養というものだろう。死者を想うことはその人の生きた証をよみがえらせることである。あなたの胸に生前の死者の姿や言葉がよみがえるとき、それこそが、その人の生きた証で、生きた証を一瞬でもこの世にとどめるとき、それが供養である。

そのためにもこれから先、なによりも私たちが元気で生きていかなければならない。私たちが元気で毎日大君の笑顔を想いだし、話しかけることこそが大君への供養だと信じ、これからも毎日を懸命に生きていこうと決心する。

道中、身を削って旅を支えてくれた金剛杖は、奉杖堂《ほうじょうどう》に納める。歩きぬいた遍路たちの証が集まった結願所ならではの風景である。

宿舎の「民宿八十窪」では珍しい光景が待っていた。経営者のおばあさんのお孫さんで、北京オリンピックで優勝し、日本中を感動の渦に巻き込んだ女子ソフトボールチームのキャッチャー乾選手が、兵庫県の表彰式の前におばあちゃんに会いに里帰りしているとのこと。夕食時、宿泊者に金メダルを見せてくれ、一人一人と握手をしてくれた。

## お礼参り

十一月二十日　朝日の大窪寺へ。重ねてお礼とお願いを申し上げ、結願報告のため一番「霊山寺」へと歩き出す。巡礼の出発に際し、霊山寺山門において、「無事八十八カ所巡礼が結願致しましたあかつきには、お礼参りに参拝いたします」と約束したところである。

結願の後は足取りも気分も軽くなる。張りつめていた気が楽になり、晩秋の沿道風景を楽しみながら途中一泊。スーパ温泉に道草する余裕も出てきた。流れる雲の空は青かった。

十一月二十一日、霊山寺の多宝塔が見えてきた。春から晩秋へ、八十八カ所巡礼の旅が終わった。春爛漫だった桜が紅葉に変わっていた。

「巡り来て　桜が紅葉《もみじ》に　霊山寺」

「お陰様で無事遍路の旅を終えることができました。有り難うございました」

健康で四十六日間を支えてくれた二人の丈夫な身体に感謝。親切に道を教えてくださり、お接待をしてくださった道中の温かい心遣いに感謝、お風呂とおいしい食事、暖かいお布団を準備してくださった宿泊所に感謝、歩きを助けてくれた笠、杖、リュックサック、靴、レインコート……すべてに感謝。納経帳には『願《がん》行成圓《ぎょうじょうえん》』と記していただいた。

## 高野山

四国の地図を拡げ、八十八カ所をつなぐ遍路道一三〇〇キロメートルを目の前にして、「本当にこれだけの距離を歩けるのだろうか」「途中けがをしたら、病気になったらどうする」。一三〇〇キロメートルという距離は東京と大阪を往復するよりも遠い距離である。

要する日数はおおむね四十五日から五十日程度、道は川を渡り、山あり谷ありと紹介されている。すでに目はオジオジの状態である。

小学校入学時にやっと電気がつくという熊野の山中で育った子供の生活は、田や畑の農作業を手伝うことは日常茶飯のことだった。母親は、末っ子の私を子守代わりによく畑に連れて行った。

「今日はこの畑の草を取ること」

「え！　こんなに広い畑の草を⁉」

こんなときによく言われたのが、「目はオジオジ、手はゲジゲジ」という言葉である。「オジオジ」とは、怖《お》じるのなまった言葉であろう。何事も目で見てばかりや頭で考えているだけでは、とてもできそうな気にはならない。今風の言葉で言えば、〝引いてしまう〟という意味であろうか。それに対して「ゲジゲジ」とは、とにかくやってみろ。考えて尻込みするよりは手や足を使って行動しろ、という意味である。


二〇〇八年十一月二十六日　大君の月命日の前日、高野山に向かう。

奥の院は常にも増して多くの参拝者で溢れている。般若心経の声も途切れ途切れになるが、これだけは大きな声でお礼を申し上げ、お願いしなければならない。

「無事八十八カ所歩き遍路、結願しました。ありがとうございました」

「どうぞ大君を護ってやってください。導いてやってください。お願いいたします」

奥の院納経所では、納経帳最後のページに墨痕鮮やかに『弘法大師』と記していただき、これで今回の夫婦二人の歩き遍路は『満願』。まさに足はゲジゲジである。

奥の院から通ずる石畳を抜け、大門に立つ。四月十二日、一番札所「霊山寺」を出発してから通算四十六日、大師のおわす高野山にお参りすることができた。感慨一入《ひとしお》のものがある。奥の院に向かい、汗がにじんだ数珠と合わす両手に感謝の念が溢れる。

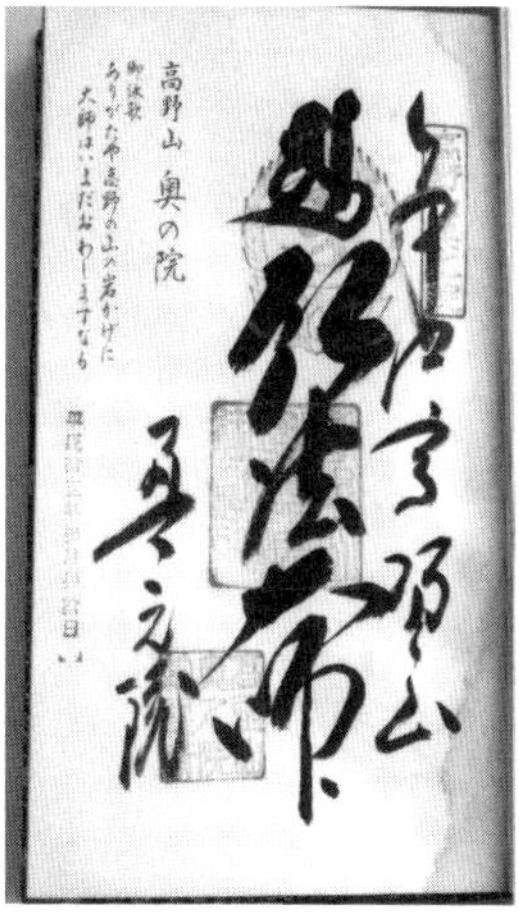

御朱印帳最終ページは「弘法大師」

## 巡り来て

春、初秋、晩秋と三回に分けた「区切り打ち」のせいか季節の移ろいが想い出に深い遍路旅であった。

満開の桜、早苗のあぜ道を歩いた阿波の発心の道、暑い海岸通りをひたすら歩いた土佐の修行の道、坂道のみかんが色づき始めていた伊予の菩提の道、匂う菊の香の中を山に登ると、紅葉が真っ盛りだった讃岐の涅槃の道。それぞれの道に滴り落ちた汗の分だけ想い出は鮮明に残る。

## 遍路ころがし

「さあ！　これからだ」

　はやる気持ちとこの先何が待ち受けているかとの不安がないまぜになった、期待と高揚感の中の出発であった。吉野川沿いの札所は、桜が咲き競う中での巡礼の始まりであった。

　とはいえ、もとより初めての歩き遍路、初めての経験に戸惑うことばかりであったが、幸い歩くスピードはその都度十分考える時間と対応の時間を与えてくれ、貴重な経験に変えてくれた。足が痛い、まめができた。想定内のトラブルであったが現実に遭遇し、その治療方法、ケアの仕方を学んだことも多い。夕食時、慣れないビールを飲みすぎると翌日トイレで大苦戦ということも実感した。

　雨の中の歩きも十分予想し、雨合羽もそれなりに吟味して購入したつもりであったが、実際横なぐりの雨の中を歩き、札所では雨の中を頭陀袋から線香を取り出し火を点ける苦労や、絶対に濡らしてはいけない納経帳の出し入れなどは、予想を超える難儀を強いられた。「やはり買い替えたほうがいいかな」。二回目からは上下セパレートのゴアテックスのレインコートに変え、ずいぶんと歩きやすくなった。

焼山寺、鶴林寺、太龍寺、名にしおう遍路ころがしの試練は、これから続く遍路の厳しさを、骨身にしみて思い知らされた遍路道であったが、反面、流す汗の心地よさを堪能させてくれる遍路道でもあった。

比較的日程、距離が短いということもあり新しい気付きも体験しながら、なんとか歩き通した春の遍路旅であった。

## ひたすらに

残暑の残る海岸沿いの遍路は、まさに修行と呼ぶにふさわしい厳しい旅となった。特に妻の足のまめはさらにひどくなり、歩くことさえ心配するほどであったが、供養の一心が足を運び、日を経るごとにケアの仕方にも慣れ、何とか克服しての旅であった。

振り返れば、阿波の遍路路はどちらかといえば木立の中の山の道が多いが、それとは対照的に土佐の遍路路は、海岸に波の音を聞きながらの旅である。木々の間を土を踏みながらの歩き旅と、コンクリートに直射日光を浴びての歩き旅とでは、疲労度がまったく違う。疲労困憊の身体には思考能力がほとんど残されていない。夫婦の会話も少なくなってくる。

神峯寺麓の宿舎では、「夫婦の仲は、宿に着くときの二人の距離でわかりますよ」と言われた。一足でも早く宿に着き、風呂に浸かりたい、夕食が待ち遠しい、早く布団に横になりたい。どうしても夫の足が速くなりがちである。一歩、一歩、足を運ぶ体力と気力は、難行・苦行が大君への供養につながるという一心からである。この心の支えがなければ何時、何処でリタイヤしても不思議ではない。

室戸岬、足摺岬を越える遍路道は、旅を濃密なものとし、生涯忘れ得ぬ思い出深い旅となった。

## 想い叶う

遍路に慣れてきた。歩くこと、参拝のこと、二回の経験が多少の余裕を作り出してくれる。余裕ができてくるとまわりの風景や季節の移ろいに目が行き、お接待いただく方との会話も自然と弾む。漸く供養のための遍路を多少とも実感する余裕も感じられ、リュックサックの中の大君との会話も増えてきた。

もちろん横峰寺、雲辺寺といった遍路ころがしや、これに負けず劣らずの白峯寺への急坂も待ち受けるが、瀬戸内に沿う遍路道は総じて穏やかな道である。

比較的足下が楽になってきたのは、二回目の遍路からそう日にちが経っていないこともあり、身体がまだ前回の遍路を覚えているからであろうか。

何より今回で結願という究極の目的が視野に入ってきた。一歩一歩、八十八番札所に近づくという高揚感がある。

八十八番札所大窪寺での参拝は感慨一入のものがあり、結願の感動は、歩き遍路ならではのものがある。一三〇〇キロメートル、八十八カ所巡礼はこのために必要な時間と空間だったのであろう。

〝大君の供養に一つの答えを出せたかなぁ〟。自問する。

## 私たちの遍路

お礼参りに参拝した「霊山寺」売店でのやりとり。

「歩いてお参りしてこられたん？」

「そうです」

「やっぱり歩いてまわると笠につやが出るんやなあ」

自分たちでは気がつかなかったが、四十六日間の風、雨、日差しは笠の色をも変えるほどに厳しい旅であったのかと改めて振り返る。

「特に印象が強かったことは？」

「何といっても沿道の方々の人情の温かさです」

たくさんの方々との出会い、親切にしていただいたこと、楽しい話しか思い出せない。

「ご苦労さん。蜜柑でも食べながら気つけてや」

「私らも回ったので苦労はわかるわ。温かいたこやき食べな」

何か買いなぁと言って手渡される五百円硬貨。

「大変やな。車に乗っていかんか」

――さまざまなお接待が思い出される。

串本節を歌ってくれた明石寺近くのおじさん、四国の人は弘法大師を通じて和歌山のことをよくご存じである。

脳梗塞で体が不自由なおばあさん「今日は娘に連れてきてもらった」。娘さん「すみません。よく喋って」。おばあさん「普段お話しする機会が少ないので、いいですよね」。道中で何人ものお年寄りの話を伺った。過疎は話し相手さえなくしている。

それに「若者の遍路にたくさん出会ったことですかね。彼らのほとんどが失業中で、野宿の旅でした。気の毒というか、心が痛みました」。世界的な経済の荒波が日本の若者を翻弄する。何とか上手く就職できますように。そしてそのきっかけがこの四国遍路であってくれればと祈るのみである。これから、もっともっとこうした若者が増え続けるのではないかと憂慮される。彼らの悩み、ひいてはわが国の悩みに対し八十八カ所は、そして遍路道はどのような答えを用意しているのだろうか。

最後にもう一度辰濃和男さんの『歩き遍路――土を踏み風に祈る。それだけでいい。』（二〇〇六年　海竜社）を引用する。

四国遍路は熊野路や西国巡礼とは違って、まさに「民衆の道」なのだ。それもつい先ごろまでは落伍者、放浪者、犯罪者、難病の人の数が少なくなかった。よりよい「死」を求める人々の影があった。今もその傾向は続いているのだが、大筋としては、よりよい「生」を求める人、生き抜くための生命力を得たいと願う人が増えている。歩き遍路の数が増えていることは、逆に言えば「ゆたかな国」と言われるこの国の民衆の中に、疎外され、息苦しい日々を送っている人がいかに多いか、心の傷に苦しむ人がいかに多いかということの証左でもある。心の張り裂けそうな思いの人々の歩みを、へんろ道の土は黙って受け入れている。

## 遺言

八十歳になり、私たちもそう遠くない日に再び大君に会えるだろう。会ったら話したいことが山ほどある。

「柔道は続けているか。家に置いている黒帯は持っていくからな」

「ツーリングは行っているか。愛用のヘルメットは今も仏壇に置いているよ」

「今も尾崎豊を聞いているか」

「久しぶりにキャッチボールでもするか」

話は尽きないだろう。

お母さんは、「大君どうしている？　小さい頃、消防自動車の運転席に乗せてもらったほど好きだった消防士さん、大きくなってなりたいと言っていたお巡りさん。どちらでもいい、制服姿の大君に会いたい」と言っている。

その後、自動車での参拝を行い、三冊の納経帳が揃った。御朱印を頂いた納経帳は来世への旅路の際に導いてくださると言われている。父、母、大君三人分の納経帳である。

とりわけ今回の汗がしみ込んだ一冊は、何としても大君に届けなければならない。父、母どちらか先に大君に会うときはこの納経帳を胸に抱かせて荼毘に付してくれと遺言する。

完

## 参考文献

●辰濃和男著『歩き遍路――土を踏み風に祈る。それだけでいい。』(二〇〇六年 海竜社)
●月岡祐紀子著『平成娘巡礼記 四国八十八カ所歩きへんろ』(二〇〇二年 文藝春秋)
●吉田智彦著『四国八十八カ所を歩く』(二〇〇六年 山と溪谷社)
●司馬遼太郎著『空海の風景』(一九七八年 中央公論社)
●井上靖著『補陀落渡海記』(二〇〇〇年 講談社)

著者プロフィール

**垣平　高男**（かきひら　たかお）

1943年、和歌山県生まれ、在住。
静岡大学卒業後、和歌山県職員となり、企画部長などを歴任。
【受賞歴】瑞宝小綬章（2017年）
【既刊書】『熊野　癒しから蘇りへ　南紀熊野体験博・回想』（2015年 文藝春秋）



**夫婦歩き遍路**　四国八十八カ所巡礼

2024年１月15日　初版第１刷発行

著　者　垣平 高男
発行者　瓜谷 綱延
発行所　株式会社文芸社
〒160-0022　東京都新宿区新宿1－10－1
電話　03-5369-3060（代表）
03-5369-2299（販売）

印刷所　図書印刷株式会社





ISBN978-4-286-24757-1